明代女性作家叢書❸

沈宜修詩選

새벽바람 기다려 봄을 맞으리

옮긴이 · **강경희 이은정**

발간에 부쳐…

2008년 9월 설립된 이화여자대학교 중국문화연구소는 기존 어문학 중심의 연구에서 벗어나, 세부적인 학문 영역에 국한되지 않는 포괄적이고 심도 있는 전문 중국학 연구의 구심점이 되기 위해 노력하고 있습니다. 폭넓은 시야와 안목을 가진 전문 인력을 확보하고 다양한 정보를 공유함으로써 새로운 방법론을 창안할 연구 공간으로의 역할을 모색하고 있습니다. 특히 지역학 및 지역문화 연구, 여성문학 연구, 학제 간 연구를 중심으로 한 차별화된 전략을 통해 학문적 국제경쟁력을 강화하고 있습니다. 또한 급변하는 동아시아 및 국제사회에 적극적으로 대처하기 위해 실용성을 추구하면서 한중양국의 문화 창달에 기여하고 있습니다.

2009년 7월부터 본 연구소 산하 '중국 여성 문화·문학 연구실'에서는 '명대 여성작가 작품 집성—해제, 주석 및 DB 구축'이라는 프로젝트를 수행하게 되었습니다(한국연구재단 2009년 기초연구과제 지원사업, KRF—2009—322—A00093).

　곧 명대 여성문학 전 작품을 대상으로 자료를 수집하여 주석, 해제하고 이에 대한 데이터베이스 구축을 위해 방대한 분량의 원문을 입력하는 작업으로, 이미 상당 부분 진행되었습니다. 정리 작업을 진행하면서 중요 작가를 중심으로 작품의 성취가 높은 것을 선별해 일반 독자에게 알리기 위해 연구총서의 일환으로 이를 번역, 출판하게 되었습니다.

　이와 같은 연구 성과는 한국·중국 고전문학 내지는 여성문학 연구의 중요한 토대를 마련할 뿐 아니라, 동서양의 수많은 여성문학 연구가들에게 편의를 제공하게 될 것입니다.

이화여자대학교 중국문화연구소

소장 이 종 진

출판 서

  이화여자대학교 중국문화연구소는 한국연구재단의 지원 하에
「명대(明代) 여성작가(女性作家) 작품 집성(集成)―해제, 주석 및
DB 구축」이라는 과제를 수행하고 있습니다.

  2009년 7월부터 시작된 본 과제는 명대 여성들이 지은 시
(詩), 사(詞), 산곡(散曲), 산문(散文), 희곡(戲曲), 탄사(彈詞)등의
원문을 수집 정리하여 DB로 구축하고 주석 해제하는 사업으로
3년에 걸쳐 진행됩니다. 연구원들은 각자의 전공에 따라 자료를
수집 정리해 장르별로 종합한 뒤 작품을 강독하면서 주석하고
해제하고 있습니다. 이런 과정에서 우수 작가와 작품을 선별하여
출간하는 것이 본 사업의 의의를 확대할 수 있다고 판단되어 연
차별로 4~5권씩 번역 출간하는 계획을 수립하였습니다.

  본 과제를 수행하는 데는 적지 않은 어려움이 따랐습니다. 첫
째는 원 자료 수집의 어려움이었습니다. 북경, 상해, 남경의 도서
관을 찾아다니면서 대여조차 힘든 귀중본을 베끼고, 복사하거나
촬영하는 수고로움을 마다하지 않았습니다.

  둘째는 작품 주해와 번역의 어려움이었습니다. 전통시기의 여
성 작가이기에 생애와 경력이 거의 알려지지 않은 경우가 대부
분이어서 작품 배경을 살피기가 용이하지 않았습니다. 따라서 주
해나 작품 해석에서 부딪치는 문제가 적지 않아 이를 해결하는
데 많은 수고가 따랐습니다.

셋째는 작가와 작품 선별의 어려움이었습니다. 명청대 여성 작가에 대한 자료의 수집, 정리는 중국에서도 이제 막 시작된 분야이기 때문에 연구의 축적 자체가 적은 편입니다. 게다가 중국 학계에서는 그나마 발굴된 여성 작가 가운데 명대(明代)에 대한 우국충정(憂國衷情)이 강한 작가를 높이 평가하고 있습니다. 그러나 작품의 가치를 평가할 때 우국충정만이 잣대가 될 수는 없을 것입니다. 연구원들은 기존 연구가 전무하거나 편협한 상황 하에서 수집된 자료 가운데 더욱 의미 있는 작품을 고르기 위해 작품을 다각적으로 분석하고 여러 번 통독하는 수고를 감내했습니다.

우리 5명의 연구원과 박사급 연구원은 본 과제를 수행하기 위해 끝이 보이지 않는 수고를 감내하였습니다. 매주 과도하게 할당된 과제를 성실히 수행했을 뿐만 아니라 출간 계획이 세워진 다음에는 매주 두세 차례 만나 번역과 해제를 면밀히 검토하였습니다. 출간에 즈음하여 필사본의 이체자(異體字) 및 오자(誤字) 문제의 자문에 응해주신 중국운문학회회장(中國韻文學會會長), 남경사대(南京師大) 종진진(鐘振振)교수에게 감사드리며 아울러 매번 어려움에 봉착할 때마다 번역에 의견을 제시해 주신 최일의 선생에게 심심한 감사를 전합니다.

본 작품집의 출간을 통해 이제껏 학계에서 간과되어 온 명대 여성작가와 작품들이 널리 알려져 명대문학이 새롭게 조명됨은

물론 명대 여성문학에 대한 평가가 새로워지길 바랍니다. 아울러
한중여성문학의 비교연구가 활발하게 시작되는 계기가 마련되길
기대합니다.

　끝으로 본 기획의 가치를 높이 평가하고 쉽지 않은 출간에 선
뜻 응해 준 '도서출판 사람들'에 깊은 감사를 표합니다.

이화여자대학교 중국문화연구소
소장 이 종 진

역자서문

　명대 이전에는 여성문인의 활동이 수적으로 지극히 미미했다. 그러나 명 중기 이후 이러한 상황은 크게 바뀌게 된다. 특히 명말 강남의 명문가를 중심으로 여성문인 집단이 대거 출현한 것은 중국여성문학사에서 획기적인 사건이었다. 당시 여성문인 집단의 문학 활동은 주로 혈연과 혼인관계로 맺어진 가족을 중심으로 이루어졌다. 그중에 오강(吳江)의 심씨(沈氏)와 엽씨(葉氏) 가문을 중심으로 한 여성문인집단이 있었는데 그 중심인물이 바로 심의수(沈宜修, 1590~1635)이다.

　그녀는 명대 희곡이론가이자 작가로 오강파(吳江派)의 영수인 심경(沈璟, 1553~1635)의 집안에서 태어나 어려서부터 문학교육을 받았으며, 자신의 자매, 올케 및 딸들과 함께 시를 주고받으며 여성들의 문학활동을 주도했다.

　심의수의 시문집 『이취집(鸝吹集)』은 남편 엽소원(葉紹袁)이 편찬한 가족 문집인 『오몽당집(午夢堂集)』에 실려 전해진다. 『이취집』에는 626수의 시와 190수의 사(詞)를 비롯하여 그녀가 남긴 다수의 문장이 함께 수록되어있다. 이 책은 그 가운데서 작품성이 뛰어나고 여성 문학작품으로서 의미가 있다고 판단되는 시를 선별하여 주제별로 분류하고 역주 및 해제를 한 것이다. 이 책을 통해 명말 여성문인집단의 문학활동을 엿볼 수 있을 것이다. 시의 주제는 크게 인생의 감회, 가족에 대한 그리움, 가족의 죽음에 대한 애도(哀悼), 꽃을 노래한 영물시(詠物詩), 계절 및 절기에 느낀 감회라는 다섯 범주로 나누어 보았다. 이 다섯 개의 범주가 심의수의 시세계를 온전하게 보여주기에는 무리가 있더라도 전체를 가늠하는 키워드가 되기에는 충분할 것이다.

역주와 해제는 다음과 같은 사항을 고려하였다.

첫째, 번역은 가급적 원문에 충실히 하되 한글번역문 자체도 시가 되도록 하기 위해 노력했다. 대개 한시의 번역문은 원문의 행에 맞추는 것이 일반적이나 그렇게 할 경우 번역문의 한 행이 지나치게 길고 번다하여 간결한 행이 주는 시의 운율미를 감소시킨다는 단점이 있다. 이러한 문제점을 개선하기 위해 원문 한 행을 2행으로 나누어 적는 번역문을 시도해 보았다.

둘째, 아직까지 심의수 시집의 주석서가 나오지 않은 만큼 주석을 가능한 상세히 달았다. 필요한 경우 시어의 출처를 제시하고, 시구의 함의가 불분명한 경우 주석에서 이를 보충 설명하였다.

셋째, 작품의 이해와 감상에 도움이 되도록 작품 설명 및 역자의 감상을 적은 해제를 붙였다.

넷째, 작품에 등장하는 관련 인물의 생애를 부록에 수록하여 작품의 이해에 도움을 주었다.

시란 영감(靈感)의 산물이다. 거기에는 존재와 삶에 대한 치열한 고민을 통해 얻은 깨달음이 녹아있고, 다양한 삶의 속내가 드러나 있다. 심의수는 명문가의 딸로 태어나 명문가의 안주인라는 신분으로 살았으나, 평생 외로움과 가난과 싸웠으며 자식을 먼저 떠나보낸 고통스런 삶을 살았다. 그래서 그녀의 시에는 외로움과 그리움, 고통과 좌절, 그리고 그것을 묵묵히 감내하며 있는 힘을 다해 살아가는 모습이 오롯이 배어있다. 시대가 요구한 부덕(婦

德)을 따를 수밖에 없었던 심의수에게 문학은 그녀가 느꼈던 출구 없는 비탄의 유일한 탈출구였다. 그러므로 비록 시대의 격차가 크기는 하지만 이 시대를 사는 독자들에게 그녀의 시는 여전히 많은 공감을 이끌어낼 수 있으리라 믿는다.

마지막으로 이 책이 나오기까지 깊은 관심과 열정으로 독려해주신 이종진 선생님과 윤독회에 나와서 우리의 고민을 함께 해주신 최일의 선생님께 감사의 마음을 전한다. 매주 이어지는 윤독회에서 많은 도움을 주신 김의정, 김지선, 김수희, 정민경 연구원께는 특별히 깊은 감사를 표한다. 어려운 상황에도 불구하고 흔쾌히 출판을 수락해주시고 수고해주신 '도서출판 사람들'의 편집진들에게도 감사드린다.

두 번의 여름을 거치는 내내 정확하고 아름다운 번역이 되도록 애를 썼으나 여전히 부족한 점이 많아 부끄럽다. 독자 여러분의 애정 어린 질정을 바란다.

2012년 9월
눈이 부시게 푸르른 가을날에
역자 강경희 이은정

목차

1
덧없는 인생은 고요하여라

2
불다 만 바람은 그대에게 가지 못하네

3
이별의 그리움은 결국 말하지 못했네

4
술 깨니 깊은 정은 말하기 어려워

5
봄꽃과 가을 달 모두 망망하고

심의수시선

새벽바람 기다려
봄을 맞으리

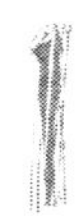

덧없는 인생은 고요하여라

옛일은 이미 흐르는 물 따라 가버렸지만
근심은 수시로 어지러운 구름 따라 새로 생긴다
둥지로 돌아가는 새 석양에 떠들썩한데
병들어 누웠으니 덧없는 인생은 고요하여라

夏初敎女學繡有感

憶昔十三餘,
倚床初學繡.
不解春惱人,
惟譜花含蔻.1)
十五弄瓊簫,
柳絮吹粘袖.
挈伴試鞦韆,
芳草花陰逗.2)
十六畫蛾眉,
蛾眉春欲瘦.
春風二十年,
脈脈空長晝.
流光幾度新,3)
曉夢還如舊.
落盡薔薇花,
正是愁時候.

---

1) 蔻(구): 두구(荳蔻) 혹은 육두구(肉荳蔻). 식물 이름. 처녀를 비유하는 말로 열서너 살
   된 여자를 '두구년화(荳蔻年華)'라고 한다.
2) 逗(두): 놀다.
3) 流光(유광): 끝없이 흘러가는 세월. 시간.

여름날 처음으로 딸에게 수놓기를 가르치며 느낀 감회

옛날을 생각해보니
열세 살 즈음에
침상에 기대어 수놓는 것 처음 배울 때
봄의 번민을 알지 못하는
그저 꽃을 수놓는 어린 소녀였지
열다섯 살에 옥퉁소 불었는데
버들개지가 불어와 소매에 달라붙었고
벗을 이끌고 그네 타며
향기로운 풀밭에서 노닐었지
열여섯 살에 눈썹 그렸는데
눈썹은 봄이면 수척해지려했지
봄바람 이십년
부질없이 낮은 길고
흐르는 세월 몇 번이나 새로워져도
새벽꿈은 여전히 예와 같은데
장미꽃 다 지는 지금
못내 시름겨워라

해제   딸에게 처음으로 수놓기를 가르치며 느낀 감회를 노래하였다. 전반 8구는 자신의 소녀 시절을 회상하였다. 거기에는 꽃을 수놓고 퉁소 불며 아무 걱정 없이 친구들과 어울려 놀았던 소녀시절의 행복한 추억이 있다. 후반 8구는 열여섯 살에 결혼한 이후의 삶을 묘사하였다. 결혼하면서 봄의 번민을 알게 되고 그로부터 20년이 흐른 지금 작자의 삶은 변함없이 시름겹다. 훌쩍 커버린 딸을 보며 자신의 일생을 반추하는 행간에 앞으로 그와 비슷한 삶을 살아갈 딸에 대한 안쓰러움이 묻어난다.

有感

昔日魚玄機,[1]
論情非最理.
情難寶易求,[2]
斯言亦謬矣.
世豈少多情,
總之皆非是.[3]
彼處自多情,
此處情如紙.
遙聞不能忘,
徒勞日進邇.
梅妃較玉環,[4]
畢竟屬誰美.
有情與無情,
何以分彼此.
觀破如幻化,
一切隨流水.

---

1) 魚玄機(어현기): 만당(晩唐)의 여시인. 장안(長安) 사람으로 원래 이름은 어유미(魚幼薇). 자(字)는 혜란(蕙蘭). 함통(咸通, 860-873) 초에 이억(李億)의 첩이 되었으나 본처가 싫어하여 쫓겨났다. 함통(咸通) 7년(866) 함의관(咸宜觀)으로 출가하여 여도사가 되어 이름을 어현기로 개명했다. 『전당시(全唐詩)』에 약 50여 수의 시가 전해진다.
2) 情難寶易求(정난보이구): 이 시구는 어현기의 시 「기이억원외(寄李億員外)(혹은 증린녀(贈隣女)」의 "값을 매길 수 없는 보물은 쉽게 구해도 마음속에 그리는 님은 얻기 어렵네(易求無價寶, 難得有心郎)" 구를 가리킨다.
3) 是(시): 마음이 맞는 바로 그 사람.
4) 梅妃(매비): 당(唐) 현종(玄宗)의 비. 이름은 강채평(江采苹)으로 총명하고 글을 잘 지어 현종의 총애를 받았으며 매화를 좋아하여 거처하는 곳에 매화를 많이 심어서 매비(梅妃)라 불렀다. 양귀비의 질투로 현종의 총애를 잃었으며 안사의 난 중에 세상을 떠났다.

느낌이 있어

그 옛날 어현기가
정을 논한 것이 가장 이치에 맞는 것은 아니다
정은 얻기 어렵고 보물은 구하기 쉽다 했는데
이 말 역시 틀렸네
세상에 어찌 다정한 이 적을까마는
결국은 바로 그 사람이 아니기 때문이다
저편은 저 혼자 다정하여
이편의 정이 종잇장 같아도
멀리서 듣고 잊을 수 없어
부질없이 애쓰며 날마다 가까워지려하네
매비를 양귀비와 비교하면
결국 누가 아름다울까?
정이 있고 없고의 차이이지
무엇으로 그 미추를 분별할 수 있으리
알아차려야지
환상과 같아
모든 것이 흐르는 물 따라 가는 것을

해제　　당대(唐代)의 유명한 여시인 어현기(魚玄機)가 "값을 매길 수 없는 보물은 쉽게 구해도 다정한 님은 얻기 어렵다(易求無價寶, 難得有心郎)"고 노래한 시구에 대한 작자의 견해를 피력하였다. 다정한 님을 만나기 힘든 것은 세상에 다정한 사람이 없어서가 아니라 자기와 맞는 상대를 만나지 못했기 때문에 그런 것이다. 매비가 현종의 총애를 잃은 것은 양귀비보다 아름답지 않아서가 아니라 단지 나중에 만난 양귀비가 현종의 마음에 더 잘 맞았기 때문이다. 그러므로 어떤 사람의 유정함, 혹은 무정함은 고정불변하는 고유한 성격이 아니라 만나는 상대에 따라 변하는 것이다.

感懷 其一

落盡金英自黯然,¹⁾
湘江舊恨至今傳.²⁾
傷心我獨不能慟,
聊草詩篇欲問天.³⁾

---

1) 金英(금영): 노란색 꽃. 주로 국화를 가리킨다.
2) 湘江(상강): 호남성(湖南省)을 흐르는 강으로 장강(長江)의 지류 중 하나다. 전설에 의하
   면 순(舜)임금의 비 아황(娥皇)과 여영(女英)이 순임금의 죽음을 슬퍼하며 상강(湘江)에
   몸을 던져 죽었는데, 이들이 상강의 여신 즉, 상부인(湘夫人)이 되었다고 한다.
3) 草(초): 초고(草稿)를 쓰다.

감회 제1수

노란 국화 다 떨어지니 절로 암울한데
상강의 옛 한 지금까지 전해온다
마음 상해도 나만 홀로 흐느낄 수 없어
그저 시를 지어 하늘에 물으려 하네

해제　　　가을날의 감회를 읊은 연작시 2수 중 제 1수다. 순(舜)의 비(妃)인 아황(娥皇)과 여영(女英)은 순임금이 창오(蒼梧)에서 죽자 상강(湘江)에 몸을 던져 죽었다. 남편의 죽음을 슬퍼하며 따라 죽었던 아황과 여영의 한은 지금까지도 이어지고 있다. 과거부터 지금까지 수많은 여인들이 사랑하는 남편과의 이별, 혹은 사별로 가슴아파한 것을 생각하면 홀로 슬픔에 빠져있을 수가 없다. 이 시를 지어 저 하늘에 따져 물어보기라도 해야겠다. 남편은 벼슬살이 하느라 멀리 떠나있고, 아내는 홀로 시부모님 모시고 자녀를 돌보며 집안 살림을 하며 남편을 기다린다. 왜 여자들은 이렇게 밖에 살 수 없는가? 작가는 가부장제 사회 속에서 오랜 세월동안 변함없는 여인들의 삶에 의문을 던지며 가슴 깊은 곳에 있는 억울함을 토로한다.

季冬二十四夜，窮愁煎逼，不勝凄感，漫然賦此[1] 其二

紅燭流殘臘夜遙，
醉來聊學讀離騷.[2]
空林影疊蒼雲積，
疏幌寒迎白雪飄.
笑傲不禁煙月老,[3]
窮愁難逐歲華消.[4]
蕭條自臥袁安室,[5]
寥落心期向九霄.[6]

---

1) 季冬(계동): 음력 12월. 煎逼(전핍): 시달리다. 괴로움을 당하다.
2) 離騷(이소): 전국시대 초나라 시인 굴원(屈原)이 지은 초사(楚辭) 작품으로 초사체의 대표작으로 꼽힌다. 충성을 다한 간언이 받아들여지지 않고 오히려 참소로 인해 추방당한 굴원이 자신의 불우한 심정을 토로하고 자신의 충성과 절개를 죽음으로써 지키겠다고 다짐한 내용이다.
3) 笑傲(소오): 구애되지 않다. 자연스럽고 얽매이지 않다. 태연자약하다.
4) 歲華(세화): 세월.
5) 蕭條(소조): 쓸쓸하다. 적막하다. 袁安(원안): 한(漢)나라의 관료로 청렴결백하고 공평무사함으로 유명하다. 두태후 집정 시 외척세력의 전횡을 직간하여 두태후의 미움을 샀다. 그가 벼슬에 나가기 전, 대설이 내리자 모두 나와 걸식을 하는데 원안만이 집에 얼은 채로 누워있어서 까닭을 물으니 "모두들 다 굶는데 어찌 나가서 다른 사람에게 구걸을 하겠는가?"라고 대답하였다. 낙양태수가 그의 현명함을 높이 사 효렴(孝廉)으로 천거하였다. (『후한서(後漢書) · 원안전(袁安傳)』)
6) 寥落(요락): 쇠락하다. 쓸쓸하다. 九霄(구소): 하늘 중에 가장 높은 곳. 신선이 사는 곳.

음력 12월 24일 밤 가난 걱정에 괴로워
처량한 마음을 이길 수 없어 되는 대로 읊다 제2수

붉은 촛농 스러지는 긴긴 동짓달 밤
취해서 「이소」를 읽어본다
그림자 첩첩이 겹친 빈숲에 푸른 구름 쌓이더니
추위 막는 성긴 장막에 흰 눈이 날린다
소오(笑傲)해도 안개 속에 지는 달 막을 수 없고
세월이 흘러도 가난 걱정 쫓기 어렵네
쓸쓸히 홀로 원안의 집에 누워
요락한 마음 높은 하늘에 기약한다

해제　　12월 24일 밤 가난으로 인해 처량한 마음을 풀어보려 지은 연작시 2수
중 제 2수이다. 가난 걱정과 세월 따라 늙어 감을 어쩔 수 없어 슬픈 마음을 노래하였다.
비록 가난으로 낙담하더라도 남에게 구걸하지 않았던 원안(袁安)처럼 고아한 뜻을 지키
며 살 것을 다짐한다. 굴원(屈原)이 「이소」에서 "내 마음 진실되고 아름다우며 정성스
러우니, 오래 굶주린들 어찌 마음이 상하겠는가(苟余情其信姱以練要兮, 長顑頷亦何
傷)"라고 노래했던 것처럼.

對鏡

徘徊羞對爾,
瘦盡獨君憐.
憔悴還相共,
愁看明月前.

거울을 대하고

배회하다
수줍게 당신을 대했는데
몹시도 여위었지만
유독 그대만이 아껴주네요
초췌한 얼굴로
또 서로 함께하며
밝은 달 앞에서
시름에 젖어 바라보아요

해제　시름에 젖어 거울을 바라보며 느낀 감회를 읊었다. 이(爾), 군(君)은 거울을 의인화한 말이고, 명월(明月)은 거울을 비유한 말이다. 끝없는 수심으로 인해 몹시 야윈 모습이 부끄럽지만 거울은 외면하지 않고 변함없이 아껴준다. 거울을 바라보며 자애자상(自愛自傷)하는 여인의 모습에서 절절한 고독이 배어난다.

甲子仲韶秋試金陵[1]

桃葉秦淮幾度秋,[2]
離魂長自繫孤舟.
而今莫再辜秋色,[3]
休使還敎妾面羞.

---

1) 甲子(갑자): 명(明) 천계(天啓) 4년, 1624년. 仲韶(중소): 남편 엽소원(葉紹袁)의 자(字). 秋試(추시): 지방에서 거인(擧人)을 선발하기 위해 치르던 과거시험. 가을에 시행했으므로 추시(秋試)라 했다. 金陵(금릉): 지금의 강소성(江蘇省) 남경(南京).
2) 桃葉(도엽): 도엽도(桃葉渡), 진회하에 있는 나루 이름. 秦淮(진회): 진회하(秦淮河), 남경시를 흘러가는 강 이름.
3) 辜(고): 저버리다. 배신하다.

갑자년 남편 중소가 금릉에서 과거를 보다

진회하(秦淮河) 도엽도(桃葉渡)에서
몇 번의 가을 보내셨나요
이별한 내 혼
늘 외로운 배에 매여 있었지요
이번 가을
또 놓치지 마시고
소첩의 얼굴
다시 부끄럽게 만들지 마세요

해제　　　1624년 남편 엽소원(葉紹袁)이 금릉에 과거시험 보러 갈 때 써준 시다. 전반부는 과거시험으로 인한 이별의 고통을 노래했고, 후반부는 남편이 꼭 급제하기를 바라는 간절한 마음을 읊었다. 엽소원은 이듬해, 심의수와 결혼한 지 20년 만에 37세의 나이로 진사에 급제하였다.

金陵秋夜 其二

依依垂柳色,[1]
猶是六朝留.[2]
景陽何處問,[3]
結綺寂無樓.[4]
歲月忽云逝,
殘花催鬢秋.[5]
勞心空慷慨,
庭草非忘憂.[6]
莫作婦人身,
貴賤總之愁.
君平何必問,[7]
進退不能由.[8]

---

1) 依依(의의): 가벼이 흔들리는 모양.
2) 六朝(육조): 한(漢)이 멸망한 후 수(隋)의 통일까지 역사상 위진남북조(魏晉南北朝)시기에 해당하며, 이 중 남경(南京)을 도읍으로 한 오(吳), 동진(東晉), 송(宋), 제(齊), 양(梁), 진(陳)의 여섯 왕조를 가리킨다.
3) 景陽(경양): 남조시대 궁궐 이름. 남조 제(齊) 무제(武帝)가 누대 위에 종을 설치하여 아침이면 궁녀들이 종소리에 일어나 화장을 했다고 한다.
4) 結綺(결기): 남조시대 궁궐에 있던 누각 이름. 남조 진(陳) 후주(後主) 지덕(至德) 2년(584)에 임춘각(臨春閣), 결기각(結綺閣), 망선각(望仙閣)이라는 몹시 사치스러운 누각을 세웠는데, 세 누각이 복도로 서로 통하였으며, 후주는 임춘각에, 장귀비(張貴妃)는 결기각에 공귀빈(龔貴賓)과 공귀빈(孔貴賓)은 망선각에 거하였다.
5) 鬢秋(빈추): 안인빈추(安仁鬢秋). 시간은 빨리 흘러가고 이룬 것은 없다, 혹은 아직 늙기도 전에 노쇠함을 탄식하다. 진(晉) 반악(潘岳)이 서른두 살에 흰 귀밑머리가 생겼다는 이야기에서 유래했다.
6) 忘憂(망우): 망우초(忘憂草)라는 별명을 가진 원추리. 옛사람은 원추리가 근심을 잊게 해준다고 믿었다.
7) 君平(군평): 한(漢) 고사(高士) 엄준(嚴遵)의 자(字). 벼슬하지 않고 은거하며 성도(成都)에서 점을 치며 생계를 이었다.
8) 由(유): 마음대로 하게하다. 뜻대로 하게하다.

금릉의 가을 밤 제2수

한들한들 버들 빛은
여전히 육조시대 그대로인데
경양궁은 어디 있나
결기각은 사라져 적막하네
세월이 홀연히 흘러
남은 꽃이 흰 귀밑머리 재촉한다
애태우며 부질없이 비분해도
뜰의 풀은 근심을 잊게 하지 못하네
부인의 몸은 되지 마라
귀하든 천하든 결국 시름겨우니
군평에게 물어 볼 것 없지
나아가고 물러남은 뜻대로 되지 않으니

해제　　　남경(南京)의 관사(官舍)에서 살며 느낀 감회를 노래한 연작시 4수 중 제2수다. 천계(天啓) 7년(1627) 7월에 심의수는 남경무학교수(南京武學敎授)에 임명된 남편 엽소원(葉紹袁)을 따라 남경으로 이주하였다. 이 시는 같은 해 11월 24일 남경을 떠나 다시 고향으로 돌아가기 까지 약 5개월 동안 남경에서 살 때 썼다. 육조시대의 고도(古都) 금릉에 와보니 산천은 그대로인데 과거의 화려하던 건축물들은 모두 사라지고 없다. 경양궁, 결기각에서 살았던 여인들의 삶을 회상하며 지금의 현실을 생각해보니 예나 지금이나 여자의 삶은 조금도 달라진 것이 없다. 귀천을 막론하고 여자의 삶이란 결국 시름겨우며, 그러한 삶에서 벗어날 수도 없는 현실에 탄식한다.

別金陵官舍庭柏 其一

脆葉凝寒不改稠,[1]
黃雲飛繞古城頭.[2]
凌風弄翠休回首,
君自森森人自愁.[3]

---

1) 凝寒(응한): 매서운 추위.
2) 黃雲(황운): 누런빛의 구름. 눈 내리는 날의 구름. 눈 내리는 날의 구름은 평소 구름 보
   다 누런빛을 띈다고 한다.
3) 森森(삼삼): 높이 우뚝 솟은 모양. 수목이 울창한 모양.

금릉 관사 뜰의 측백나무와 이별하며 제1수

부드러운 잎
매서운 추위에도 시들지 않는데
누런 구름 날아와
오래된 성을 두르네
바람을 견디며 푸르름 자랑해도
고개 돌려 보지 않으리
그대는 절로 우뚝하지만
사람은 절로 시름겨워지니

해제　　남편 엽소원(葉紹袁)은 천계(天啓) 7년(1627) 7월에 남경무학교수(南京武學教授)로 부임하여 그해 가을 북경국자감조교(北京國子監助教)로 전근발령을 받아 11월 24일에 남경을 떠났다. 심의수는 이때 남편과 함께 남경에서 살다가, 남편은 북경으로 떠나고 자신은 가족과 함께 고향으로 돌아갔다. 이 시는 남경 관사를 떠나며 정원의 측백나무를 읊은 연작시 3수 중 제 1수다. 짧은 시절 함께 했던 측백나무와 이별하며 또 다시 남편과의 긴 이별을 앞둔 수심을 노래했다.

風雨夜不寐早起, 適爲仲韶製衣, 漫成 其二

窮愁今古消窮骨,[1]
落盡梅花亦自香.
秋氣堪悲應我分,
不勞春色斷人腸.

---

1) 窮骨(궁골): 빈천한 몸.

비바람에 밤새 잠 못 들고 일찍 일어나
마침 남편 중소의 옷을 만들다 되는 대로 짓다 제2수

가난 걱정 예나지금이나 빈천한 몸 소진시키지만
매화는 다 져도 절로 향기롭다
가을을 슬퍼하는 것이 응당 나의 몫이니
수고롭게 봄빛에 애달파하지 않으련다

해제　　　비바람에 밤새 잠 못 이루다가 이른 아침에 일어나 남편의 옷을 지으며 느낀 감회를 읊은 연작시 4수 중 제 2수다. 전반부는 가난 걱정으로 몸이 병들어 가고 있음을 노래했고, 후반부는 비추(悲秋)만이 나의 몫이니 상춘(傷春)하지 않으리라 다짐하였다. 봄 수심을 일부러 외면하느라 안간힘을 쓰는 모습에서 고통을 감내하는 시인의 아픔이 더욱 크게 느껴진다.

題疏香閣[1] 其三

幾點催花雨,
疏疏入畫樓.
推簾望遠野,[2]
爛錦盈汀洲.[3]
昨夜碧桃樹,[4]
凝雲綴不流.
朝來庭草色,
挹取暗香浮.[5]
飛瓊方十五,[6]
吹笙未解愁.
次第芳菲節,
琬琰知未休.[7]

---

1) 疏香閣(소향각): 셋째딸 엽소란(葉小鸞)이 거했던 곳.
2) 野(야): 원문에 서(墅)로 되어 있으나 야(野)의 오기로 보인다.
3) 爛錦(난금): 난약피금(爛若披錦). 비단을 펼쳐놓은 것처럼 찬란하고 아름답다.
4) 碧桃樹(벽도수): 천엽도(千葉桃)라고도 하는 겹복숭아꽃나무로 열매는 먹지 못하고 관상
   용으로 심는다.
5) 挹取(읍취): (물을) 뜨다. 긷다. 이 두 구는 아침 풀밭에 꽃향기가 떠도는 모습을
   형용하였다.
6) 飛瓊(비경): 전설 속의 선녀이름.
7) 琬琰(완염): 아름다운 옥.

소향각에 제하다 제3수

꽃을 재촉하는 몇 방울 비
채색한 누대로 드문드문 들어오네
주렴 밀치고 먼 들 바라보니
모래섬 가득 찬란한 비단 펼쳐놓았네
어제 밤 벽도화 나무에
구름 엉기어 흐르지 않더니
아침 되니 뜰의 풀빛에
그윽한 꽃향기 떠있네
비경은 바야흐로 열다섯 살
생황 불어도 수심을 알지 못하지
차례대로 꽃피는 시절에
옥 같은 아름다움 끝없음을 알겠네

해제　　　셋째딸 엽소란(葉小鸞)이 자신의 거처 소향각에 「효기(曉起)」 시를 걸어둔 것을 보고 장녀 엽환환(葉紈紈)과 둘째 딸 엽소환(葉小紈)이 「동생 경장의 소향각에 제하다(題瓊章妹疏香閣)」는 시를 각각 써주었다. 이를 본 심의수 역시 세 딸의 시에 각각 차운(次韻)하여 「제소향각(題疏香閣)」 3수를 썼다. 이 시는 엽소란의 「효기」 시에 차운한 것이다. 전반 8구는 소향각 주변의 맑고 아름다운 경물을 묘사하고 마지막 4구는 그곳에 거하는 열다섯 살난 셋째 딸의 아름다움을 노래했다. 심의수의 시집에는 이처럼 세 딸과 함께 창화(唱和)한 작품이 많은데, 이는 명대 여성들의 문학 활동이 주로 가족을 중심으로 창화하면서 이루어졌기 때문이다.

秋雨獨酌遣懷

細雨晩來下,
庭梧隊檻楹.[1]
曲屛橫燭影,[2]
疏幌隔秋聲.
濁酒聊自酌,
窮愁無可傾.
蕭蕭窓外竹,[3]
寒吹入幃迎.

---

1) 檻楹(함영): 난간과 기둥.
2) 曲屛(곡병): 머릿병풍. 보통 2폭으로 된 머리맡에 치는 병풍. 여러 폭으로 구성되어 접을
   수 있는 병풍.
3) 蕭蕭(소소): 초목이 흔들리는 소리. 대나무가 바람에 흔들리는 소리를 형용한다.

가을비에 홀로 술 마시며 마음 달래다

가랑비 저녁에 내리니
뜰의 오동잎 난간에 떨어진다
머릿병풍에 촛불 그림자 비끼고
성긴 휘장 너머 가을 소리 들린다
탁주를 홀로 마셔보아도
가난 걱정은 쏟아 버릴 수 없어라
창밖에 대나무 바스락대니
차가운 바람 휘장으로 불어오네

해제　　가을비 내리는 밤 홀로 술 마시며 느낀 감회를 읊었다. 전반부는 가랑비에 오동잎 떨어지는 바깥 풍경과 홀로 앉아 빗소리 듣는 방안의 정경을 묘사했고, 후반부는 가난으로 인한 시름을 술로 달래는 쓸쓸함을 노래했다. 술잔을 기울이니 술은 목으로 넘어가지만 근심은 잔속의 술처럼 기울여 버릴 수 없다. 어떻게 해볼 수 없는 무력감에 젖어있는 밤, 가을바람만 차갑게 불어온다.

感懷 其五

簾外井梧飄,
簾內迴腸搗.1)
一葉一聲愁,
葉盡愁難掃.

---

1) 迴腸(회장): 구불구불한 장. 불안 초조한 마음을 비유한다.

감회 제5수

주렴 밖에
우물가 오동잎 나부끼니
주렴 안에
애달픈 마음 방망이질 치네
잎새 지는 소리소리 마다
시름겹더니
잎 다 떨어져도
시름은 쓸어버리기 어렵네

해제 가을에 느낀 감회를 노래한 연작시 15수 중 제 5수다. 전반부는 오동잎 떨어지는 주렴 밖 풍경과 오동잎 소리에 애달픈 마음 방망이질치는 주렴 안 여인의 모습을 그렸다. 후반부는 오동잎 소리마다 여인의 시름이 일어나다가 오동잎이 다 떨어졌는데도 불구하고 시름은 여전히 남아 있음을 읊었다. 주렴 밖의 오동잎과 주렴 안 여인의 심정을 하나로 연결하여 여인의 깊은 우수를 드러냈다.

感懷 其九

夜夜蛩催織,¹⁾
機中不成疋.²⁾
縷縷博山煙,³⁾
何能合爲一.

---

1) 催織(최직): 귀뚜라미 울음소리를 형용하는 말. 중국에서는 귀뚜라미를 베짜기를 재촉한
   다는 뜻의 촉직(促織)이라고 부르는데 그 우는 소리가 촉직(促織)의 음과 비슷하기 때문
   이다.
2) 疋(필): 비단 따위의 천을 세는 단위.
3) 博山(박산): 박산로(博山爐). 바다 가운데 있다는 전설상의 명산인 박산(博山)의 모양을
   본떠 만든 동제(銅製) 향로.

감회 제9수

밤이면 밤마다 귀뚜라미가 베 짜기를 재촉해도
베틀엔 베 한필도 짜지 못했네
하늘하늘 피어오르는 박산향로의 연기를
어찌 하나로 합할 수 있으리?

해제　　가을에 느낀 감회를 읊은 연작시 15수 중 제 9수다. 전반부는 밤마다 베를 짜도 한필도 완성하지 못한 행위를 통해 오랫동안 이별한 남편을 기다리는 여인의 복잡한 심정을 노래하였다. 후반부는 하나로 합할 수 없는 향 연기를 통해 남편과의 재회를 고대하지만 이룰 수 없는 막막한 심정을 드러냈다.

感懷 其十

堤邊楊柳疏,
堤下霜華冷.1)
無奈猛西風,2)
閒愁吹不省.3)

---

1) 霜華(상화): 서리.
2) 西風(서풍): 서쪽에서 부는 바람으로 주로 가을바람을 가리킨다.
3) 閒愁(한수): 쓸데없는 걱정 근심.

감회 제10수

제방 가에는
성긴 버들
제방 아래에는
차가운 서리꽃
어찌하나
맹렬한 서풍도
수심은 날려 보내지 못하니

해제　　가을에 느낀 감회를 노래한 연작시 15수 중 제 10수다. 전반부는 시들어가는 버들과 싸늘한 서리로 깊어가는 가을을 노래했고, 후반부는 떨쳐버릴 수 없는 수심을 읊었다. 만물을 다 시들게 하는 가을바람이 아무리 맹렬하게 불어도 가슴속에 있는 시름은 날려 보내지 못한다. 가을바람이란 원래 그런 것이다. 가슴 깊숙한 곳에 묻어두었던 것을 꺼내어 걷잡을 수 없게 흔들어대기만 할 따름이다.

感懷 其十二

惆別非我事,
愁魂徒自消.
欲將無限意,
寄與往來潮.

감회 제12수

이별을 슬퍼하는 것은
내게 허락된 일이 아닌데도
시름겨운 넋은
그저 절로 녹아갈 뿐
이 끝없는 마음
밀려왔다 밀려가는
조수에 부쳐볼거나

해제 가을에 느낀 감회를 노래한 연작시 15수 중 제12수이다. 가난한 살림살이에 많은 아이들을 부양하느라 신산한 삶을 살았던 시인에게 이별의 슬픔은 사치와 같았을 것이다. 그러나 그럼에도 불구하고 이별의 고통은 떨쳐버릴 수 없어 혼이 다 녹아간다. 스스로는 어떻게 해볼 도리 없는 마음을 들락날락하는 조수 물결에 부치면 씻겨 내려갈까? 그렇게 시인은 부질없는 기대를 해본다.

臥病

半窗疏雨後,
寂寂晚花晴.
懶癖消貧況,1)
窮愁薄世情.
鳥歸喧夕景,
病臥靜浮生.
寂聽迴廊下,
蕭蕭風竹聲.2)

---

1) 消(소): 견디다. 참다.
2) 蕭蕭(소소): 대숲에 이는 바람소리를 형용하는 의성어.

와병

창밖에
성긴 비 내리고 나니
말간 저녁 꽃
쓸쓸하네
게으른 버릇으로
가난한 형편 견디고
곤궁함에 시름겨워
세상인심 탓하네
둥지로 돌아가는 새
석양에 떠들썩한데
병들어 누웠으니
덧없는 인생은 고요하여
쓸쓸히 듣고 있네
회랑 아래
쇄쇄 대숲에 이는 바람 소리

해제 세상을 떠나기 한 해전(1634) 봄부터 가을까지 병석에 누워있을 때 쓴 시이다. 제1, 2구는 비갠 저녁 풍경을 묘사하고 제3구에서 제6구까지는 병들고 가난한 형편을, 제7, 8구는 병석에서 느낀 쓸쓸함을 노래했다. 저녁에 둥지로 돌아가느라 시끄러운 새소리와 병석에 누워있는 적막한 상황의 대비가 심금을 울린다.

秋日病起 其二

宋玉愁時候,[1]
何堪病後身.
碧雲飛古木,
明月老江蓴.[2]
冷葉偏含悴,
幽花不厭貧.
悲哉無限意,
對景只長顰.

---

1) 宋玉(송옥): 전국시대 초(楚)나라 시인. 만물이 시들어가는 가을 풍경과 자신의 불우한
   심정을 엮어서 쓴 초사(楚辭) 작품 「구변(九辯)」이 많은 문인들의 공감을 얻으면서 이후
   중국문학사에서 '비추(悲秋)'문학의 시조가 되었다.
2) 蓴(순): 순채(蓴菜). 쌍떡잎식물 미나리아재비목 수련과의 여러해살이 수초로 어린 순과
   잎을 식용 및 약용으로 쓴다.

가을에 병석에서 일어나 제2수

송옥이 시름했던 이 가을
앓고 난 몸으로 어떻게 견디나
푸른 구름 고목에 날리고
밝은 달에 강 순채 쇠어간다
싸늘한 잎 온통 초췌하여도
그윽한 꽃은 가난을 싫어하지 않네
서글퍼라 끝없는 이 마음
풍경을 대하고 오래 눈썹 찌푸릴 뿐

해제　　　가을에 병석에서 일어나 느낀 감회를 읊은 연작시 2수 중 마지막 작품이다. 건강한 몸이라도 가을은 시름겹고 아픈데 방금 병석에서 일어난 몸으로는 더더욱 감당하기 두려운 마음을 노래했다. 1632년 두 딸이 요절한 뒤로부터 세상을 떠날 때까지 시인은 자주 병석에 누워 일어나지 못했다. 이 시를 지은 1634년에도 봄부터 가을까지 병석에 있었다. 병은 털고 일어났지만 자식을 잃은 아픔과 가난으로 인한 수심은 마음에 남아 여전히 시인을 서글프게 한다.

月夜病中

無語紗窓對月明,
蕭蕭風竹似秋聲.
心怲不耐憂旋擾,1)
病怯難禁夢復驚.
舊事已隨流水去,
新愁時逐亂雲生.
徘徊每自挑燈立,
長歎能消幾許情.2)

---

1) 憂旋擾(우선요): 근심이 자꾸 마음을 어지럽히다.
2) 幾許(기허): 얼마나. 어느 정도.

달밤 병중에

말없이 비단창가에서
밝은 달 마주하니
쏴쏴 대나무에 이는 바람
가을소리 같아라
용속한 마음은
근심으로 자꾸 어지러워는 것 참을 수 없고
병으로 약해지니
꿈꾸다 놀라는 것 견디기 어려워라
옛일은
이미 흐르는 물 따라 가버렸지만
새로운 근심은
수시로 어지러운 구름 따라 생겨난다
배회하다
등불 심지 돋우며
길게 탄식한들
하고 많은 정 얼마나 사라지려나

해제　　　병석에서 밝은 달을 대하고 느낀 시름을 노래하였다. 제1,2구는 가을밤 밝은 달을 대한 정경을 묘사하고, 제3, 4구는 한꺼번에 사랑하는 두 딸을 잃고 몸져누운 상황을 읊었다. 제5, 6구는 이미 지나버린 옛일은 바꿀 수 없는데도 그로 인한 근심은 끊임없이 생겨남을, 제7, 8구는 아무리 애써도 떨쳐버릴 수 없는 마음을 노래했다. 제1연은 제목의 '月夜'를 제2연은 제목의 '病中'을 끌어내었고 제3, 4연은 병중에 달을 대한 작자의 아픈 마음을 토로하였다.

貧病

貧病由來不可當,[1]
可憐貧病兩相傷.
蕭條病怯西風冷,
搖落貧消秋日長.
病臥家寒捱歲月,[2]
貧無客至少匆忙.
病魔欲倩詩魂謝,[3]
貧鬼何年卻遠方.

---

1) 由來(유래): 원래부터. 애초부터.
2) 捱(애): 시간이 느리게 가다. 시간을 지연시키다.
3) 倩(천): ~하게 하다. 謝(사): 시들다. 쇠락하다.

가난과 병

가난과 병은
예로부터 감당할 수 없는 법
가련하여라
가난과 병으로 상심하니
쓸쓸히 병들어
차가운 가을바람 겹나는데
영락하여 가난한 신세로
긴 가을 해 보내네
병으로 썰렁한 집에 누워있으니
세월 더디 가고
가난하여 오는 손님 없으니
바쁜 일 적네
병마가 시혼을 시들게 하는데
가난 귀신은 언제 멀리 사라지려나

해제　　숭정(崇禎) 8년(1635) 가을, 삶을 마감할 즈음에 쓴 절필시(絶筆詩)이다. 율시의 일반적인 금기를 깨고 매 구마다 '빈(貧)'자와 '병(病)'자를 사용한 것은 그것이 뼈에 사무치는 아픔이었기 때문일 것이다. 죽음이 얼마 남지 않을 때까지 가난으로 상심하고 거기에 병마까지 더하니, 신산한 삶을 위안해주던 시혼도 결국 시들어간다. 그녀의 시름 많았던 삶은 여기서 끝났지만 그녀의 혼이 담긴 시는 지금까지 남아 전해진다.

竹枝詞 其一

隔浦蓮歌唱夕陽,1)
田田荷水弄淸香.2)
輕風搖曳冰紗袂,3)
似欲相邀納晚凉.4)

---

1) 隔浦蓮(격포련): 악곡 이름. 당(唐) 백거이(白居易)의 「격포련」이 유명하다.
2) 田田(전전): 연잎. 연잎이 무성한 모양.
3) 冰紗(빙사): 빙환(冰紈). 흰 비단.
4) 相邀(상요): 청하다. 초대하다. 納凉(납량): 더위를 피해 시원함을 맛보다.

죽지사 제1수

해질녘에 「격포연(隔浦蓮)」 노래 부르니
연꽃 무성한 물에 맑은 향기 피어난다
가벼운 바람은 하얀 비단 소매를 흔들며
시원한 저녁바람 쐬라고 초대하는 듯

해제　　심의수가 살던 분호(汾湖) 근처의 풍경을 노래한 죽지사 8수 중 제 1수다.
전반부는 해질 무렵 연못에서 연밥 따는 여인들이 노래 부르는 모습을 읊었고, 후반부는
소매에 불어오는 시원한 저녁 바람을 노래했다. 여름날 저녁 호수의 아름다운 정경과
저녁 바람이 주는 시원한 느낌을 표현했다.

불다 만 바람은 그대에게 가지 못하네

수심 얽힌 방초 천산을 두르고
한 묻은 꾀꼬리 소리 만 리에 다 같구나
제비다리에 묶은 비단 편지 기다리실 텐데
불다 만 바람은 그대에게 가지 못하네

春別

簾前殘月五更風,[1]
江上征帆掛碧舸.[2]
客路片雲隨遠望,
鏡中雙鬢歎飛蓬.
縈愁芳草千山遠,
送恨啼鶯萬里同.
待約芙蓉秋水綠,
莫教黃菊冷煙空.[3]

---

1) 五更(오경): 새벽 4시 전후.
2) 舸 (동): 목선(木船)의 일종.
3) 煙空(연공): 높은 하늘.

봄날 이별

주렴 앞에 달 지고
오경에 바람 부는데
강에는 먼 길 가는 돛
푸른 목선에 걸렸네
나그네길 조각구름
멀리 보이는 데로 따라가고
거울 속 양 귀밑머리
날리는 쑥대 같아 탄식하네
수심 얽힌 방초
천산을 둘렀고
한을 보내는 꾀꼬리 소리
만리에 다 같아라
가을 물에 부용 푸를 때
돌아온다는 약속 지키셔서
높은 하늘 아래 노란 국화
싸늘하게 하지 마시길

해제　　　봄에 길 떠나는 남편과 이별하는 슬픔을 노래하였다. 제1, 2구는 새벽에 떠나는 남편을 전송하며 본 풍경을 그렸고, 제3구에서 제6구까지는 부부의 이별의 한과 애틋한 그리움을 노래하였다. 제7, 8구는 약속한 가을에 꼭 돌아와 함께 국화꽃 감상하기를 염원하였다.

春日感別 其二

事事堪悲不待秋,
鶯聲未喚淚先流.
東風若解人腸斷,¹⁾
願轉光風作石尤.²⁾

---

1) 東風(동풍): 동쪽에서 불어오는 바람으로 흔히 봄바람을 가리킨다.
2) 光風(광풍): 봄날 따사롭게 부는 바람, 맑게 갠 날씨에 부는 바람. 石尤(석우): 석우풍(石 尤風)으로 거센 역풍(逆風)을 말한다. 옛날 우(尤)씨의 아내 석(石)씨가 남편이 멀리 장 사길 떠난 후 끝내 돌아오지 않자 임종 때 내가 죽으면 큰 바람이 되어 천하의 아내들을 위해 남편들이 멀리 장사길 떠나는 것을 막겠다고 말했다고 한다. (원(元) 이세진(伊世 珍)의 『낭현기(琅嬛記)』)

봄날 이별을 느끼며 제2수

일마다 서글프니
가을을 기다릴 필요 없고
꾀꼬리 아직 지저귀지 않아도
눈물이 먼저 흐르네
봄바람이시여
애끓는 사람 마음 아신다면
따스한 이 바람을
석우풍(石尤風) 되게 해주세요

해제　　봄날 이별의 슬픔을 노래한 연작시 2수 중 마지막 작품이다. 전반부는 이별을 앞두고 있으니 모든 일이 다 슬프기만 하여 굳이 가을이 아니더라도, 꾀꼬리가 울지 않더라도 눈물이 흐르는 상황을 노래하였다. 후반부는 길 떠나는 남편을 만류할 도리가 없으니 부질없는 일인 줄 알면서도 봄바람이 역풍으로 바뀌기를 바라는 아내의 애틋한 심정을 드러냈다.

春思 其七

數盡歸鴉暮景遲,
曲欄凭暖尚慵移.
碧天片片飛雲起,
裁作蘇家錦上詩.[1]

---

1) 蘇家錦上詩(소씨금상시): 소혜(蘇惠)의 「회문선기도(回文璿璣圖)」. 남편 두도(竇滔)가 첩
   만 데리고 임지로 부임하자 소혜가 자신의 그리움을 가로, 세로 29행의 회문시로 지어
   비단에 짜서 보낸 편지.

봄 그리움 제7수

돌아가는 까마귀 다 세어 봐도
저물녘 햇빛은 더딘데
따사로운 난간에 기대고 있으니
더욱 움직이기 귀찮구나
푸른 하늘에 조각조각 구름 날리니
잘라서 소씨의 비단 회문시를 쓴다

해제　　봄날에 느끼는 그리움을 노래한 연작시 10수 중 제 7수다. 전반부는 해 저물도록 남편을 기다리다 지친 모습을 묘사했고, 후반부는 그리움의 편지를 쓰며 남편과의 재회를 소망하였다. 첩만 데리고 임지로 떠난 소혜의 남편은 비단에 새겨 보낸 소혜의 회문시(回文詩)를 보고 감동하여 그녀를 임지로 불렀다고 한다. 작자도 그녀처럼 회문시를 보내면 남편과 만날 수 있을지도 모른다는 희망을 걸어본다.

思仲韶江陰[1]

柳暗行人遠,
東風引夢長.
啼鴉催曙色,
落絮減春光.
草亂遲膺棹,[2]
花深憶敞妝.[3]
偶將紅豆擲,[4]
驚起宿鴛鴦.

---

1) 江陰(강음): 중국 강소성(江蘇省) 남부 강음시(江陰市).
2) 膺棹(응도): 이응(李膺)이 탄 배를 말한다. 이응(李膺)과 곽태(郭太)의 이야기에서 유래한 말로 자기를 알아주는 이와 함께 한다는 뜻이다. 여기서는 그러한 사람을 만나 금의환향하기를 바라는 뜻으로 쓰였다. 후한(後漢) 때 곽태(郭太)가 낙양(洛陽)에 노닐면서 고사(高士) 이응(李膺)을 처음으로 만났을 때 이응이 그를 대단히 기특하게 여기어 서로 친구가 되었다. 나중에 곽태가 고향으로 돌아올 적에 수천 명의 선비들이 배웅을 나왔는데, 이때 곽태는 오직 이응하고만 함께 배를 타고 건너갔다고 한다. (『후한서(後漢書) · 곽태전(郭太傳)』)
3) 敞妝(창장): 장창(張敞)이 아내의 눈썹을 그려준 일을 가리킨다. 여기서 유래한 장창화미(張敞畫眉)는 부부의 금슬이 좋은 것을 비유하는 말로 쓰인다. 장창은 한(漢) 선제(宣帝) 때 경조윤(京兆尹)을 지낸 사람이다. (『한서(漢書) · 장창전(張敞傳)』)
4) 紅豆(홍두): 콩과의 덩굴성 목본식물로 상사자(相思子)라고도 한다. 주로 남녀 간의 애정이나 그리움을 상징한다.

강음에 있는 남편 중소를 그리며

버들 우거져도 길 떠난 이 멀리 있어
동풍은 꿈을 길게 끈다
까마귀 소리 새벽빛을 재촉하고
떨어지는 버들개지에 봄빛 줄어드네
풀 무성해도 이응의 배는 늦어지고
꽃 흐드러지니 장창의 화장이 그립다
우연히 홍두를 던졌더니
잠자는 원앙 놀라 깨어나네

해제　　　멀리 떨어져 있는 남편을 그리는 시이다. 봄은 이제 다하려는데 남편에게서
는 아직 금의환향한다는 소식도 없고, 함께 보낸 다정했던 시간을 추억하는 아내의
그리움은 원망으로 바뀐다. 기다리다 지친 그녀는 괜히 홍두를 내팽개쳐 잠자던 원앙을
놀라게 한다. 심통이 난 그녀의 행동은 그리움의 정서를 침울하게 만들지 않고 회화시키
지만 한편으로는 가슴 짠한 아픔을 느끼게 한다.

仲韶往苕上，別時風雨凄人，天將暝矣．舟歸寄絶句五
首，依韻次答，當臨歧之淚耳¹⁾ 其三

河橋楊柳漫依然,²⁾
萬縷垂絲兩岸牽.
待拂素箋憑燕足,³⁾
斷風吹不到君前.

---

1) 초(苕): 초계(苕溪). 절강성(浙江省) 서북부에 흐르는 강으로 태호(太湖)로 들어간다. 강
   유역에 갈대가 많아 초계란 이름이 붙여졌다고 한다. 歧(기): 갈림길.
2) 漫(만): 많다. 산만하다. 依然(의연): 여전히.
3) 拂(불): 가까이 다가가다. 근접하다. 素箋憑燕足(소전빙연족): 제비 다리에 묶어 보
   낸 편지. 당대(唐代) 임종(任宗)이 상(湘)지방에 장사하러 떠난 지 오래토록 돌아
   오지 않자 그의 처 곽소란(郭紹蘭)이 남편에게 전하는 시를 써서 제비 다리에 묶
   어 보내니 제비가 임종에게 편지를 전해주었다고 한다. (오대(五代) 왕인유(王仁
   裕)의 『개원천보유사(開元天寶遺事)·전서연(傳書燕)』)

남편 중소가 초계로 떠나는데 헤어질 때 비바람이 불어 처량하고 날은 어두워져갔다. 남편이 배로 돌아가며 절구 5수를 부쳤기에 운에 따라 화답하여 이별의 눈물로 삼는다 제3수

다리에 버들
여전히 무성하여
만 가닥 드리운 버들가지
양쪽 언덕에서 끌어당기네
제비 다리에 묶은 비단 편지
이르길 기다릴 텐데
불다 만 바람은
그대 앞까지 가지 못하네

해제　　　초계로 가는 남편과 이별하며 쓴 연작시 4수 중 제 3수다. 제목에는 5수에 차운했다고 했으나 작자의 문집에는 4수만 전해진다. 전반부는 이별하는 강가에 무성한 버들가지가 배에 스치는 모습을 묘사하였다. 그것은 마치 떠나는 남편을 가지 말라고 잡고 싶어도 잡을 힘이 없는 자신의 모습과 같다. 후반부는 비단 편지를 제비 다리에 묶어 보내지만 바람이 남편이 있는 곳까지 미치지 못하는 안타까운 심정을 읊었다.

夏夜 其六

最是冬缸永,[1]
今宵勝似冬.
江淹雖有恨,[2]
畢竟淺于儂.[3]

---

1) 缸(항): 등. 등잔.
2) 江淹(강엄): 남조(南朝)시기 양(梁) 강엄(江淹). 그의 「한부(恨賦)」, 「별부(別賦)」가 유명
　　하다.
3) 儂(농): 나. 자기 자신.

여름 밤 제6수

겨울밤이 가장 길다지만
오늘 밤이 겨울보다 더 길어라
강엄이 한이 있을지라도
분명 나보다는 덜하리

해제　　　여름밤에 느낀 감회를 읊은 연작시 6수 중 마지막 작품이다. 여름밤은 겨울밤보다 비교할 수 없을 정도로 짧지만 그녀에게 이 여름밤은 겨울밤보다 더 길게 느껴진다. 남편과 늘 헤어져 사는 자신의 한이 「한부(恨賦)」를 지은 강엄보다 더 깊기 때문이다. 이별의 한, 그 속에 녹아 있는 그리움과 외로움의 깊이를 겨울밤과 여름밤, 강엄과 작자라는 두 쌍의 대비를 통해 드러내었다.

懷遠 其一

疏簾閑夕照,
燕去畵梁虛.
芙蓉冷煙渚,
慷慨傷離居.1)
秋光渺無際,
恍惚何如昨.2)
木落殘靄餘,
淸風自寥廓.3)

---

1) 慷慨(강개): 격양되다. 탄식하다. 한탄하다.
2) 恍惚(황홀): 모호하다. 흐릿하다. 마음이 편안하지 못하여 멍하다.
3) 寥廓(요확): 공허하다. 적막하다. 텅 비다.

멀리 있는 남편을 그리며 제1수

성긴 주렴에 저녁놀 한가롭고
제비 떠난 채색 들보는 텅 비었네
부용은 안개 낀 물가에 싸늘하고
헤어져 사니 슬퍼 마음 상하네
가을빛 가없이 아득하여
희미하니 어찌 옛날과 같을까
나뭇잎 스러지는 노을 속에 떨어지고
맑은 바람 횅하게 부네

해제　　　　멀리 떠나 있는 남편을 그리는 연작시 3수 중 제 1수다. 쓸쓸한 가을 풍경에 남편과 헤어져 사는 슬픔과 외로움을 노래하여 연작시 3수의 시상을 일으키는 역할을 한다. 심의수는 열여섯 살(1605년)에 열일곱 살 엽소원과 결혼한 뒤 1625년 엽소원이 진사(進士)시험에 합격할 때 까지 남편의 과거공부로 인해 늘 헤어져 살았다. 그나마 남편과 시를 주고받는 것이 그녀의 즐거움이었으나 시어머니는 과거공부에 방해가 될까봐 심의수가 시를 짓는 것조차 싫어하였다. 엽소원이 진사에 합격한 뒤에는 북경으로 발령이 나서 또 헤어져 살았다.

懷遠 其二

勞生消白晝,¹⁾
長夜覺愁多.
日月恒相送,
茫茫奈爾何.
凉風傷蟋蟀,
寒氣勁梧楸.
繁霜淒蕙草,
天闊肅高秋.²⁾
歲序良忽忽,³⁾
悲哉心悠悠.
寄情霄漢間,⁴⁾
浩蕩與雲浮.⁵⁾

---

1) 勞生(노생): 고생스러운 삶.
2) 肅(숙): 숙살(肅殺). 쌀쌀한 가을 기운이 초목을 말려 죽이다. 매섭다.
3) 良(양): 참으로. 진실로. 忽忽(홀홀): 갑자기. 빠른 모양. 갑작스러운 모양.
4) 霄漢(소한): 하늘. 은하수.
5) 浩蕩(호탕): 물이 넓고 큰 모양. 넓고 먼 모양.

멀리 있는 남편을 그리며 제2수

고생스레 살며 낮이 지나니
긴 밤 많은 시름이 이네
해와 달은 늘 서로 전송하니
그 망망함을 어쩌나
서늘한 바람에
귀뚜라미 슬퍼하고
차가운 기운에
오동나무와 가래나무 꼿꼿하네
된서리에 혜초 시드니
드넓은 하늘에 높은 가을 매섭네
세월은 얼마나 빠른지
서글퍼라 아득한 내 마음
은하수 사이에 정을 보내니
멀리 구름과 함께 떠있네

해제 멀리 떠나 있는 남편을 그리는 연작시 3수 중 제 2수다. 낮에는 일상생활로 바쁘다가 밤이면 문득 기다렸다는 듯이 시름이 밀려오고 그렇게 세월은 속절없이 흘러간다. 가을의 숙살지기(肅殺之氣)에 만물은 시들어가며 각자의 시련을 견딘다. 그 모습을 홀로 바라보며 깊은 고독과 고통을 견디는 시인의 강인함이 느껴진다.

懷遠 其三

閑霄月當午,[1)]
飄然來淸風.
長河迴橫碧,
雲物淡秋空.[2)]
墮葉縈蛛網,
幽蟲泣露紅.
秋色正蕭瑟,[3)]
靜坐思何窮.
徘徊獨已矣,
勞心自忡忡.[4)]
長風扇白練,
萬里波光融.[5)]
何如此時恨,
流水日江東.

---

1) 當午(당오): 한 밤중. 밤 12시 전후.
2) 雲物(운물): 구름의 빛깔. 구름.
3) 蕭瑟(소슬): 처량하다. 쓸쓸하다. 영락하다.
4) 忡忡(충충): 근심하는 모양. 『시(詩) · 소남(召南) · 초충(草蟲)』에 "님을 보지 못하여 이
   시름 답답해라(未見君子, 憂心忡忡)"라는 구절이 있다.
5) 波光(파광): 물결에 반사된 빛. 여기서는 물결 위에 비친 달빛을 가리킨다.

멀리 있는 남편을 그리며 제3수

한가로운 밤하늘
달이 중천에 뜨니
맑은 바람 가벼이 불어온다
긴 은하수
푸른 하늘을 가로질러 돌고
구름은 가을 하늘에 담박하다
떨어지는 낙엽 거미줄에 얽히고
그윽한 벌레 붉은 이슬 속에 우네
가을빛 마침 소슬하여
고요히 앉았으니
그리움은 끝이 없어라
홀로 배회하다 멈춰서니
애타는 마음 답답하여라
흰 비단 부채에 긴 바람 불고
만 리 달빛 흘러드는
이때의 한은 무엇과 같을까
날마다 동쪽으로 흘러가는 강물이라네

해제　　　가을에 멀리 있는 남편을 그리워한 연작시 3수 중 마지막 작품이다. 소슬한 가을밤 풍경과 함께 끝없는 이별의 한을 노래하였다. 이 3수의 연작시는 제1수는 8구, 제2수는 12구, 제3수는 14구로 편폭이 확장되면서 서경에서 서정으로 묘사의 중심이 이동하며 더불어 서정의 강도와 비중도 점층적으로 전개된다. 제1수는 가을 풍경 묘사에 치중하면서 '떨어져 사는 것에 마음 상한다'는 구절만으로 감정을 표현하였다. 제2수는 제1수에서 말한 상심이 '시름', 세월의 흐름에 대한 '슬픔'과 남편을 그리는 '정'으로 구체화되며, 제3수는 '끝없는 그리움', '애타는 마음', '이때의 한' 등으로 감정의 강도가 커진다. 이렇게 세 작품이 각각 독립적이면서도 서로 연결된 구조를 이루며 작자의 깊은 그리움과 이별의 한을 효과적으로 표현하였다.

中秋望月有感 其一

疏星耿耿碧天遙,¹⁾
銀漢浮槎在九霄.²⁾
漏鼓漫傳更寂寂,³⁾
村歌時度夜寥寥.⁴⁾
素娥桂兔應知悔,⁵⁾
遠客蓴鱸卻已饒.⁶⁾
森樹不堪頻顧影,
無邊秋色正今宵.

---

1) 耿耿(경경): 밝다. 빛나다.

2) 浮槎(부사): 바다와 은하수 사이를 왕래하는 전설 속의 뗏목. "옛날에는 은하수와 바다가 서로 통한다고 했다. 근세에 어떤 사람이 바닷가에 살면서 해마다 8월이면 뗏목을 타고 왕래하는데 그 시기를 놓치지 않았다(舊說云, 天河與海通. 近世有人居海渚者, 年年八月, 有浮槎去来, 不失期)" (장화(張華) 『박물지(博物志)』 권10) 九霄(구소): 하늘 중에 가장 높은 곳. 신선이 사는 곳.

3) 漏鼓(누고): 물시계가 가리키는 시간을 알리는 북소리.

4) 寥寥(요요): 고요하다. 적막하다.

5) 素娥(소아): 항아(姮娥)의 별칭. 桂兔(계토): 달 속에 있다는 계수나무와 토끼. 여기서는 달을 가리킨다.

6) 蓴鱸(순로): 순채와 농어, 즉 순채국과 농어회. 고향을 그리는 마음, 귀은(歸隱)의 뜻을 비유한다. 장한(張翰)이 제왕(齊王) 사마경(司馬冏)의 동조연(東曹掾)으로 부름을 받아 낙양에 있을 때 가을바람이 이는 것을 보자 고향 오중(吳中)의 순채국과 농어회가 생각나서 '인생에서 귀한 것은 마음에 만족함을 얻는 것인데, 어찌 수 천리 떨어진 곳에서 벼슬살이하면서 명예와 작위를 구하겠는가?'라 하고는 수레를 타고 돌아갔다는 데서 유래했다. (남조(南朝) 송(宋) 유의경(劉義慶)의 『세설신어(世說新語)·식감(識鑑)』)

추석에 달 보며 느끼어 제1수

성긴 별 반짝이는
푸른 하늘 저 멀리
은하수에 떠가는 뗏목
하늘 꼭대기에 있네
시간을 알리는 북소리 전해오니
더욱 적막한데
때로 마을에서 노래 소리 들려오는
밤은 고요하여라
항아는 분명
달 속에서 후회하고
나그네는 이미
순채국과 농어회 생각으로 가득하겠지
숲에서 내 그림자
자주 돌아볼 수 없어라
가을빛 가없는
바로 이 밤

해제　　추석에 달을 바라보며 멀리 떠나 있는 남편을 그리워한 연작시 2수 중 제 1수다. 전반부는 적막한 추석 밤풍경을 그렸고, 후반부는 헤어져 사는 부부의 아픔을 노래했다. 휘황한 달빛 아래 홀로 배회하는 여인의 외로운 그림자가 다른 집에서 부르는 즐거운 노래 소리와 대비되어 더욱 쓸쓸해 보인다.

除夕懷遠1)

雪裏梅花吐,
樽中柏葉傾.2)
漏隨殘臘盡,
春候曉風迎.
遠道征衣寄,3)
遙天錦字橫.4)
何堪問芳草,
又欲遶堦生.

---

1) 除夕(제석): 섣달 그믐날 밤. 음력 12월 말일.
2) 柏葉(백엽): 백엽주(柏葉酒). 측백나무 잎을 넣어서 빚은 술로 음력 설날에 이 술을 마시면 장수하고 사악한 기운을 물리친다고 믿었다.
3) 征衣(정의): 길 떠날 때 입는 옷. 출정하는 군인이 입는 옷. 군복.
4) 錦字(금자): 금자서(錦字書). 전진(前秦)의 소혜(蘇蕙)가 멀리 떠난 남편 두도(竇滔)가 그리워 비단에 짜서 보낸 회문시(回文詩)를 말한다. 흔히 아내가 남편에게 보내는 편지를 비유한다.

제야에 멀리 있는 남편을 그리며

눈 속에 매화 피어나니
술잔 속 백엽주 기울인다
물시계가 남은 동지달 따라 다하니
새벽바람 기다려 봄을 맞으리
먼 길에 정의(征衣)를 보내니
비단에 쓴 편지 먼 하늘에 가로질렀네
어찌 물을 수 있으랴
향기로운 풀
또 섬돌 따라 자라려는지

해제　　　한 해가 끝나는 제야의 밤에 남편을 그리는 마음을 노래하였다. 전반부는
새봄을 맞이하는 제야의 밤을 묘사하고 후반부는 그리움으로 인한 고통을 읊었다.
남편이 입을 옷과 편지를 보내고, 남편이 없는 집에서 밤새워 새해를 맞이하니 또
다시 돌아오는 새봄이 두렵다. 봄풀이 계단 따라 자라면 시인의 그리움도 걷잡을 수
없이 자라날 것이므로.

懷張倩倩表妹[1]

叢桂風吹薜荔茵,[2]
秋深蘭佩不堪紉.
荒凉舊事隨溝葉,
荏苒寒光鎖澗蘋.[3]
芳草年年徒自老,
愁心歲歲總如新.
蒹葭一望蒼波遠,[4]
鴛錦何由贈故人.[5]

---

1) 表妹(표매): 사촌 여동생.
2) 薜荔(벽려): 넝쿨식물로 다른 나무에 기생하여 덩굴을 벋는 아시아산 무화과나무이다. 양분자(凉粉子), 양분과(凉粉果), 목련(木蓮)이라고도 하며, 학명은 **Ficus pumila Linn**이다. 茵(인): 자리. 깔개. 초목이 빽빽한 모습을 형용한다.
3) 荏苒(임염): 이리저리 굴러다니다. 근심이 끝없는 모양. 연약한 모양.
4) 蒹葭(겸가): 갈대. 멀리 있는 친구를 그리워함을 상징한다. 『시(詩)·진풍(秦風)·겸가(蒹葭)』에 "갈대 푸른데 이슬은 서리되네. 바로 그 사람 강 저쪽에 있네(蒹葭蒼蒼, 白露爲霜. 所謂伊人, 在水一方)"라는 구절에서 유래하였다.
5) 鴛錦(원금): 원앙금(鴛鴦錦). 원앙 무늬를 넣어 짠 비단. 원앙을 수놓은 비단.

사촌 여동생 장천천을 그리며

계수나무 떨기에 바람부니
벽려는 자리처럼 무성하고
가을 깊어
난초 띠 엮지 못하겠네
황량한 옛일
도랑에 떨어진 낙엽 따라 가고
이리저리 구르는 차가운 빛
냇물 마름에 갇혔네
방초는 해마다 절로 늙어가고
수심은 해마다 늘 새롭네
갈대를 바라보니 푸른 물결 멀기만 한데
원앙비단 어떻게 친구에게 전해줄까?

해제　　　깊은 가을 고종사촌동생이자 올케이기도 한 장천천(張倩倩)을 그리워한 시이다. 심의수와 장천천은 어려서부터 함께 친자매처럼 자랐으며, 집 밖의 사교생활이 제한되었던 규중에서 가장 절친한 친구이기도 했다. 그러나 두 사람이 결혼한 뒤에는 만남은 짧고 헤어짐은 길었다. 함께 했던 옛 기억들은 차츰 사라져가고, 세월은 속절없이 흐르는 데 서로 만나지 못해 근심하는 마음을 노래했다.

仲春寄表妹張倩倩[1] 其二

湖外靑山別路長,
閒題舊事盡堪傷.
故園明月樓前柳,
回首春風各斷腸.

---

1) 仲春(중춘): 봄의 두 번째 달, 곧 음력 2월.

중춘에 사촌여동생 장천천에게 부치다 제2수

호수 너머 푸른 산
이별의 길 먼데
한가로이 옛 일을 적으니
온통 마음 상하네
옛 동산에 밝은 달
누대 앞 버들
봄바람에 고개 돌려보니
모두 애 끊어지네

해제　　봄이 한창일 때 장천천(張倩倩)에게 보낸 연작시 2수 중 마지막 작품이다. 옛날에 함께했던 추억을 회상하며 각자의 사정으로 멀리 떨어져 만남조차 힘든 상황을 노래했다. 행복했던 그 시절, 함께 했던 사촌여동생에 대한 진한 그리움이 배어나는 작품이다.

送別長女昭齊[1] 其三

庭前絲雨杏霏煙,[2]
陌上鶯啼落日邊.
古語雁飛不到處,[3]
何須畢竟利名牽.[4]

---

1) 昭齊(소제): 큰딸 엽환환(葉紈紈)의 자(字).
2) 霏煙(비연): 떠다니는 운무. 안개.
3) 古語(고어): 옛 사람이 한 말. 여기서는 "기러기도 가지 못하는 곳에, 사람은 명리에 끌려간다(雁飛不到處, 人被名利牽)"는 『명현집(名賢集)』의 구절을 가리킨다.
4) 何須(하수): ~할 필요가 있는가. 畢竟(필경): 마침내. 결국. 利名(이명): 명리(名利). 명예와 이익.

장녀 소제를 송별하며 제3수

뜰 앞에 가랑비 내리니
살구꽃 안개처럼 떠다니고
길가에 꾀꼬리
지는 해 곁에서 우네
옛말에도 있듯이
기러기도 가지 못하는 곳에
굳이
명리에 얽매여 갈 필요 있으랴

해제 심의수의 장녀 엽환환(葉紈紈)은 천계(天啓) 6년(1626) 10월, 17세에 원엄(袁儼)의 셋째아들 원숭(袁崧)과 결혼했는데, 그 다음해인 1627년 시아버지가 영서(嶺西)지역으로 부임하게 되어 남편과 함께 따라 가게 되었다. 이 작품은 영서지역으로 떠나는 딸과 이별하며 지은 연작시 6수 중 제 3수다. 전반부는 이별하는 풍경을 묘사했고, 후반부는 명리를 위해 멀리 떠나는 사돈에 대한 완곡한 불만을 표시하며 딸과 이별하고 싶지 않은 마음을 드러냈다.

寄六妹[1] 其三

別後偏憐月正圓,
難將別恨問嬋娟.[2]
風吹不盡平堤柳,
萬縷長懸落日邊.

---

1) 六妹(육매): 심의수의 여형제중 여섯째인 심지요(沈智瑤).
2) 嬋娟(선연): 달. 달빛.

여섯째 동생 심지요에게 부치다

이별 후라
마침 둥근달이 더욱 슬퍼
이별의 한을
달에게 묻기도 어렵네
긴 제방 버들에
바람이 끝없이 불어오니
만 가닥 실가지
지는 해 곁에 길게 걸렸네

해제　　　여동생 심지요(沈智瑤)에게 보낸 연작시 3수 중 마지막 작품이다. 전반부는 헤어진 동생이 그리워 둥근 달을 보며 슬퍼하고 있음을, 후반부는 바람에 날리는 버들가지에 그리움이 이는 마음을 읊었다.

夢君庸¹⁾

惻惻復惻惻,
離恨邈難測.
一別七經秋,
愁思惟歎息.
邇來頻入夢,²⁾
夢竟何由得.
爾若夢故鄕,
故鄕無所憶.
我若夢天涯,
天涯路未識.
總之兩茫然,
長夜漫漫黑.³⁾
悠悠傷我懷,
月落靑林側.
仰望鶺鴒飛,⁴⁾
何時振羽翼.

---

1) 君庸(군용): 심의수의 남동생 심자징(沈自徵)의 자(字).
2) 邇來(이래): 근래. 요즘.
3) 漫漫(만만): 길고 오랜 모양.
4) 鶺鴒(척령): 할미새. 형제의 우애를 비유하는 말로 척령재원(鶺鴒在原)이라 쓰기도 한다.
   『시(詩)·소아(小雅)·상체(常棣)』에 "들에 있는 할미새가 바삐 날 듯 형제는 어려움을
   급히 구하네(脊令在原, 兄弟急難.)"라는 구절에서 유래하였다.

아우 군용을 꿈꾸다

슬프고 또 슬퍼라
아득한 이별의 한 짐작하기 어렵네
한 번 이별한 뒤 칠년이 지나니
근심과 그리움에 탄식만 할 뿐
근래에 자주 꿈에 나타나는데
이 꿈을 어떻게 이룰까
네가 만약 고향을 꿈꾸면
고향엔 그리운 이 없고
내가 만약 천애를 꿈꾼다면
천애로 가는 길을 알지 못하니
결국 우리 둘 다 망연하여
긴 밤 내내 깜깜할 뿐
상심한 내 마음 아득한데
달이 푸른 숲 곁으로 지네
할미새 날기를 바라지만
언제 날개 떨치려나

해제　　　북방 변새로 떠난 뒤 오래도록 돌아오지 않는 동생 심자징(沈自徵)이 꿈에
나타난 일을 읊은 시이다. 7년이 넘도록 돌아오지 않는 동생은 꿈에서나 볼 수 있다.
꿈길밖에 길이 없어 시인이 동생이 있는 곳에 가려니 길을 모르겠고, 아내와 자식을
다 여읜 동생은 고향에 그리워하는 사람이 없어 오지 않는다. 결국 그 꿈도 이루어질
수 없어 상심한 마음을 노래했다.

憶君庸弟

瑟瑟秋風驚雁行,[1]
空江寂寂水茫茫.[2]
遙思羌笛吹殘月,[3]
此際寒光正落霜.[4]
夢寄西窗銀燭短,
書傳北塞玉關長.[5]
望雲遠恨難將與,
漂泊何堪慰斷腸.[6]

---

1) 瑟瑟(슬슬): 바람소리를 형용하는 의성어.
2) 空江(공강): 드넓고 고요한 강.
3) 羌笛(강적): 고대의 관악기의 일종으로 강족(羌族)의 피리에서 유래하였다.
4) 寒光(한광): 맑고 차가운 달빛.
5) 玉關(옥관): 옥문관(玉門關). 감숙성(甘肅省) 돈황(燉煌) 주변에 있는 서역(西域)으로 통하는 관문(關門). 변새지역을 대칭하기도 한다.
6) 漂泊(표박): 정처 없이 떠돌아다니다. 유랑하다.

아우 군용을 생각하며

쏴쏴 가을바람 불어오니
기러기 행렬에 놀라고
적막한 강에
강물은 끝없어라
멀리서 생각하니
너는 기우는 달 아래 피리 불겠지
지금 여기는
차가운 달빛 서리에 떨어지는 즈음
서창에서 꿈꾸니
은초 짧아지고
북쪽 변방에 편지 전하려니
옥관은 멀구나
구름 바라보며
함께 하기 어려움을 한하는데
떠돌아다니니
애끊는 이 마음 어떻게 달래나

해제　　북방 변새로 떠난 뒤 오래도록 돌아오지 않는 동생 심자징(沈自徵)을 그리
워한 시이다. 소슬한 가을에 기러기 날아오는 것을 보며 변방에 있는 동생을 떠올리고,
이쪽과 저쪽에서 함께 공유하는 달을 매개로 동생에 대한 그리움을 표현하였다. 구름처
럼 떠돌아다니는 동생은 꿈에서 만나기도 여의치 않고, 편지를 보내려도 거리가 너무
멀어 쉽지 않다. 시인은 걱정으로 애간장이 타지만 그 마음 달랠 길 조차 없는 막막함을
노래했다.

暮春別去, 仲夏將來, 復和前韻[1]

午窓敲翠竹花凉,
簾影沉沉清晝長.[2]
蓂莢無端驚換葉,[3]
麥秋忽已到斜陽.[4]
青春啼鴂催沾袖,[5]
紅樹飄英故人觴.
時序匆匆易遷代,[6]
南風寫恨寄宮商.[7]

---

1) 仲夏(중하): 여름의 두 번째 달로 음력 5월을 이른다.
2) 沉沉(침침): 고요한 모양. 깊은 모양. 짙은 모양.
3) 蓂莢(명협): 중국 요임금 때 났다는 전설상의 상서로운 풀. 달력을 비유하는 말. 초하루
   부터 보름까지 하루에 한 잎씩 났다가, 열엿새부터 그믐까지 하루에 한 잎씩 떨
   어지고, 작은달에는 마지막 한 잎이 시들기만 하고 떨어지지 않았다 하여, 달력
   풀 또는 책력 풀이라고도 하였다. (『죽서기년(竹書紀年)』)
4) 麥秋(맥추): 보리가 익는 계절. 음력 4, 5월을 가리킨다.
5) 鴂(결): 뱁새. 참새목 딱새과의 조류로 학명은 **Paradoxornis webbiana fulvicauda**
   (CAMPBELL). 붉은머리오목눈이라고도 한다.
6) 匆匆(총총): 매우 급한 모양. 시간이 매우 빨리 흐름을 형용한다.
7) 南風(남풍): 남방의 악곡. 순(舜) 임금이 지었다고 전해지는 고대 악곡 이름. 남쪽에서
   불어오는 바람. 寫(사): 토로하다. 쏟아내다. 宮商(궁상): 오음(五音)의 궁(宮)과 상(商)으
   로, 널리 음악을 가리킨다.

늦봄에 이별했는데 한여름에 온다기에
다시 앞의 시에 화운하여

한낮 창을 두드리는
푸른 대꽃 서늘하고
주렴 그림자 고요한
맑은 낮은 길구나
명협은 까닭 없이
잎을 바꾸어 놀래키고
보리 익는 계절
이미 홀연히 저물어가네
뱁새 우는 푸른 봄에
소매 적시며 이별했는데
붉은 나무에 꽃 날릴 때
동생과 술잔 기울이겠네
계절이 총총히
차례대로 바뀌니
남풍에 한을 실어
음악에 부치네

해제　　늦봄에 이별한 동생 심자병(沈自炳)이 여름에 다시 돌아온다는 소식을 듣고 재회를 기다리는 기쁨을 노래했다. 제목의 '前韻'은 늦봄에 이별하며 쓴 시 「늦봄 군회와 이별하며 보내준 시에 화운하다(暮春別君晦卽和所貽之韻)」를 가리킨다. 두 오누이는 나중에 자식들의 혼인으로 사돈지간이 되었다. 심의수의 문집에 심자병과 이별한 시가 여러 수 보이는 것으로 보아 사이가 각별했음을 알 수 있다.

이별의 그리움은 결국 말하지 못했네

무덤 가 나무 해마다 늙어가고
묘는 밤새도록 차가우리
지하에는 새로운 세월이 없겠지만
사람은 부질없이 세월 따라 늙어간다

夜夢亡女瓊章[1]

東風夜初回,
紗窓寒尙冽.
徘徊未成眠,
銅壺催漏徹.
偶睡夢相逢,
花顏逾皎雪.
歡極思茫然,
離懷竟難說.
但知相見歡,
忘卻死生別.
我問姊安在,
汝何不同挈.[2]
指向曲房東,[3]
靜把書篇閱.
握手情正長,
恍焉驚夢咽.[4]
覺後猶牽衣,
殘燈半明滅.[5]
欹枕自吞聲,
肝腸盡摧折.[6]

---

1) 瓊章(경장): 셋째딸 엽소란(葉小鸞)의 자(字).
2) 挈(설): 데리고 오다.
3) 曲房(곡방): 내실. 밀실.
4) 恍焉(황언): 어렴풋한 모습.
5) 明滅(명멸): 불이 깜빡거리다.
6) 摧折(최절): 부러지고 꺾어지다.

밤에 죽은 딸 경장을 꿈꾸다

봄바람이 막 돌아온 밤
비단 창 여전히 싸늘한데
배회하며 잠 못 이루다
구리 물시계 물방울 다 떨어지도록 재촉할 때
우연히 잠들어 꿈에 서로 만나니
꽃 같은 얼굴 눈보다 더 희었지
지극한 기쁨에 생각은 망연하여
이별의 그리움은 결국 말하기 어려웠지
다만 서로 만나 즐거운 줄만 알아
생사의 이별을 망각했네
네 언니 어디에 있는지
어찌하여 함께 데리고 오지 않았는지 물었더니
내실 동쪽을 가리키고
고요히 서책을 읽었지
손잡고 마침 정이 깊어질 때
어렴풋이 꿈에서 깨어 목메어 울었지
깬 뒤에도 여전히 옷자락 잡아당기는 듯한데
반쯤 남은 등불 깜빡이네
베개에 기대어 홀로 울음소리 삼키니
애간장이 다 끊어지네

해제　　죽은 셋째딸 엽소란(葉小鸞)을 꿈에서 만난 일을 읊었다. 첫 4구는 죽은 딸 생각에 잠 못 이루고 배회함을, 가운데 12구는 꿈속의 일을, 마지막 4구는 꿈 깬 뒤의 슬픔을 노래했다. 생사의 갈림길에 있는 현실을 다 잊어버릴 정도로 즐거웠던 꿈과 가슴이 찢어지는 아픔으로 울음 삼키는 현실이 대비를 이루어 절절한 슬픔을 자아낸다.

哭長女昭齊 其二

二十三年是妄眞,[1]
行踪邈邈隔仙塵.[2]
昨宵猶作閨中友,
今日難尋地下人.
每感生離多慘切,
豈能死別少酸辛.
黃粱一枕何時覺,[3]
覺悟生前定有因.

---

1) 妄眞(망진): 헛된 것을 돌이켜 참된 것으로 돌아간다는 뜻의 반망귀진(返妄歸眞)을 줄인
   말로 죽음을 뜻한다.
2) 仙塵(선진): 선계와 속세.
3) 黃粱一枕(황량일침): 황량일몽(黃粱一夢). 세상의 부귀영화가 덧없음을 비유하는 말로
   여기서는 덧없는 삶을 비유하고 있다. 당(唐)나라 때 노생(盧生)이 한단(邯鄲)의 주막에
   서 도사 여옹(呂翁)이 빌려준 베개를 베고 잠이 들어 부귀영화를 누리며 80살까지 잘
   산 꿈을 꾸었는데, 깨어 보니 아까 주막 주인이 짓던 기장밥이 채 익지도 않았다는 이야
   기에서 유래했다. (당(唐) 심기제(沈旣濟)의 『침중기(枕中記)』)

장녀 소제를 곡하며 제2수

이십삼 년 만에 세상을 떠나니
행적은 멀리 선계와 속세로 갈라졌네
어젯밤에는 여전히 규중의 벗이었는데
오늘은 지하의 사람 되어 찾기 어렵네
매번 생이별에도 몹시 비참했는데
어찌 사별이 덜 괴로울까
황량일몽에서 언제 깨려나
전생에 정해진 인연이 있음을 깨닫는다

해제   장녀 엽환환(葉紈紈)의 죽음을 애도한 연작시 10수 중 제 2수다. 전반부는 스물세 살의 나이로 요절한 딸의 죽음을, 후반부는 그로 인한 감회를 노래했다. 친구처럼 의지했던 딸의 죽음으로 인해 겪는 고통 속에서 인생의 허망함과 모든 것이 정해진 운명임을 깨닫는다.

哭長女昭齊　其九

欄外霏微滿院香,[1]
繽紛麗景競含芳.[2]
千花盡逐年華轉,
雙玉偏埋春夜長.[3]
地下應無新歲月,
人間空自老星霜.[4]
燕吟絮句俱何在,
哭向靈几奠酒漿.[5]

---

1) 霏微(비미): 비나 눈이 가늘게 내리는 모양. 흩날리다.
2) 繽紛(빈분): 오색찬란하여 눈부시게 아름다운 모습을 형용한다.
3) 雙玉(쌍옥): 한 쌍의 옥. 여기서는 죽은 두 딸을 비유한다. 偏(편): 뜻밖에. 예상 밖에.
4) 星霜(성상): 세월.
5) 靈几(영궤): 영좌(靈座). 신주를 모신 자리. 奠(전): 제물(祭物)을 올리다. 제사를 지
   내다.

장녀 소제를 곡하며 제9수

난간 밖에 비 흩날리니 뜰 가득 향기롭고
찬란한 경치에 향기로운 꽃 다투어 피네
온갖 꽃들 세월 따라 다 피고 지는데
뜻밖에 쌍옥이 묻힌 봄밤은 길어라
지하에는 응당 새로운 세월이 없겠지만
사람은 부질없이 세월 따라 절로 늙어간다
제비와 버들개지 읊조리던 이들 모두 어디에 있나
영전에서 곡하며 술을 올린다

해제　　장녀 엽환환(葉紈紈)의 죽음을 애도한 연작시 10수 중 제 9수다. 두 딸을 한꺼번에 잃은 후에도 세월은 흘러 다시 꽃피는 봄이 돌아왔다. 저세상에는 세월이 흐르지 않아 딸들의 나이 죽은 때 그대로겠지만 이 세상에 사는 작자는 세월의 흐름에 따라 늙어간다. 봄이면 함께 제비와 버들개지 읊조리며 시를 창화하던 딸을 애타게 찾아보지만 현실은 그저 영전에 술 올리고 슬프게 곡할 수밖에 없다.

元日遇風雨[1]

寂寞燃燈夜,
庭梅似去年.
不知傷往日,
猶自吐新妍.[2]
愁緒連昏雨,
憂懷入暮天.
淚痕同蠟炬,[3]
悽愴落樽前.

설날 비바람을 만나

적막하게 등불 타오르는 밤
뜰의 매화는 작년과 같이
지난 일에 마음 상하는 줄도 모르고
여전히 새 꽃을 피워내네
시름겨운 마음 저녁 비에 이어지고
근심하는 마음 저무는 하늘에 드니
눈물 흔적 초와 함께
애처로이 술잔 앞에 떨어지네

해제 비바람 부는 설날 밤에 죽은 딸을 애도한 시이다. 전반부는 매화는 예전처럼 새 꽃을 피우는데 사람은 가고 없음을 슬퍼하였고, 후반부는 딸의 죽음으로 상심한 마음을 노래했다. 온 가족이 함께하는 명절이면 죽은 사람 생각이 더 많이 나는 법이다. 설날의 분주한 일과가 끝난 저녁, 홀로 술잔 대한 작자의 눈에는 눈물이, 촛불에는 촛농이 떨어진다.

仲春次女蕙綢歸寧，悲憶亡女昭齊瓊章[1]

葳蕤芳草杏花天，[2]
春半啼鵑怨夕煙.
忽見歸寧歡意愜，[3]
逾悲泉下痛心纏.[4]
芸窓有淚供殘簡，[5]
繡閣無人對昔年.[6]
莫向樽前重剪燭，
相看腸斷各悽然.

---

1) 蕙綢(혜주): 둘째딸 엽소환(葉小紈)의 자(字). 歸寧(귀녕): 시집간 딸이 친정에 와서 부모님을 뵙는 것을 이른다. 『시경(詩經)·주남(周南)·갈담(葛覃)』에 "어느 것은 빨고, 어느 것을 빨지 않을까, 내 돌아가서 부모님께 문안하리라(害澣害否, 歸寧父母)"라는 구절에서 유래하였다.
2) 葳蕤(위유): 초목이 우거지다. 무성하다. 杏花天(행화천): 살구꽃 피는 시절, 곧 봄을 가리킨다.
3) 愜(협): 마땅하다. 합당하다.
4) 泉下(천하): 황천(黃泉)의 아래라는 뜻으로 저승을 이른다.
5) 芸窓(운창): 서재.
6) 繡閣(수각): 여자가 거처하는 방을 아름답게 칭하는 말.

중춘에 둘째 딸 혜주가 친정에 오니
죽은 딸 소제와 경장이 생각나 슬퍼하다

방초 무성하고
살구꽃 핀 시절
한창 봄에 우는 두견새
저녁 안개 원망하네
문득 친정을 방문하니
기뻐함이 마땅하나
땅속에 묻힌 딸 생각에
아픔이 파고들어 더욱 슬퍼지네
서재에서
눈물 흘리며 남긴 글 함께 읽지만
수각에는
지난해에 마주했던 그 사람이 없구나
술잔 앞에서
촛불 심지 자꾸 자르지 말자
서로 바라보면 애 끊어져
각기 처연해질 테니

해제　　　친정을 방문한 둘째딸 엽소환(葉小紈)을 만나 느낀 감회를 노래하였다. 시집간 딸의 방문을 기뻐해야 마땅하지만 산 사람을 보니 죽은 사람이 더 생각나 오히려 고통스럽다. 오랜만에 친정에 온 딸과 함께 옛일을 추억하니 슬픔은 더 커질 뿐이다. 예전 같았으면 모녀가 한자리에 모여 밤새 이야기꽃을 피우며 즐거운 시간을 보냈을 텐데 이제는 서로 바라보고 있는 것 자체가 고통이 되어 버렸다.

長女昭齊週年感悼¹⁾ 其一

日短愁長又一年,
花開花謝暗驚遷.²⁾
白雲若有傷離意,
落葉應憐舊彩箋.³⁾

---

1) 週年(주년): 만 일 년. 특히 죽은 지 만 일 년이 되는 날을 이른다.
2) 謝(사): 시들다.
3) 彩箋(채전): 작은 크기의 색지. 시나 편지를 적는 종이로 사용했다.

장녀 소제의 일주기에 슬픔을 느끼며 제1수

해는 짧아지고 수심 길어지며
또 한해가 지나니
꽃 피고 꽃 지며
흘러가는 세월에 놀라네
흰 구름
이별을 슬퍼하는 듯하니
낙엽도
분명 옛 편지지를 가여워하리

해제　　장녀 엽환환(葉紈紈)의 첫 번째 기일에 읊은 연작시 11수 중 제 1수다. 전반부는 딸이 죽은 지 1년이 되었음을 읊었고, 후반부는 흰 구름과 낙엽에 슬픔과 그리움을 투영했다. 세월은 딸의 죽음을 괘념치 않고 흘러 어느덧 한해가 지났지만 작자의 마음은 여전히 수심과 그리움으로 가득 차 있다. 때문에 눈에 닿는 모든 사물에 작자의 슬픈 마음이 투영된다. 떠가는 흰 구름에는 이별의 슬픔이 서려있는 듯 하고, 낙엽은 생전에 딸이 글을 쓴 종이 같아 작자의 마음은 더욱 애틋하다.

昭齊二週, 殘寒逼歲, 冷日無光, 腸消心碎, 咽不成泣. 忽又
張倩走使通候, 盆助悲酸, 聊書短韻以志痛懷[1] 其七

庭梅已吐白,
姊妹來看否.
想爾不傷離,
徑年信無有.

---

1) 張倩(장천): 심의수의 사촌여동생 장천천(張倩倩). 슬하의 자식이 다 요절하여 심의수의
   딸 엽소란을 데려다 10년간 길러주었다. 이 작품을 창작할 당시에 장천천은 이미 세상
   을 떠난 지 오래되었다. 走使(주사): 급한 심부름을 하는 사람. 通候(통후): 서로 안부를
   묻다.

큰딸 소제의 두 번째 기일, 추위가 아직 남아있는 세밑이
라 차가운 태양은 빛이 없는데 장은 녹고 마음은 부서지
는데도 목이 메어 울음조차 나오지 않는다. 뜻밖에 장천
의 주사가 안부를 묻기에 비통함이 더하여 짧은 시를 써
서 아픈 마음을 적어본다. 제7수

뜰의 매화 이미 하얀 꽃을 피웠는데
너희 두 자매도 와서 보았는지?
너희는 이별을 슬퍼하지 않는지
해가 지나도 소식 없구나

昭齊二週，殘寒逼歲，冷日無光，腸消心碎，咽不成泣，
忽又張倩走使通候，盆助悲酸，聊書短韻以志痛懷　其十

空把一泥丸，
何以塡滄海.[1]
愛極與情深，
總是生前罪.

---

1) 塡滄海(전창해): 푸른 바다를 메우다. 전설에 의하면 염제(炎帝)의 딸 여와(女娃)가 동해
   (東海)에 빠져 익사한 뒤 정위(精衛)라는 새로 변하였는데, 그 새가 서산(西山)의 목석
   (木石)을 물어다 동해를 메우려했다고 한다.

큰딸 소제의 두 번째 기일, 추위가 아직 남아있는 세밑이
라 차가운 태양은 빛이 없는데 장은 녹고 마음은 부서지
는데도 목이 메어 울음조차 나오지 않는다. 뜻밖에 장천
의 주사가 안부를 묻기에 비통함이 더하여 짧은 시를 써
서 아픈 마음을 적어본다. 제10수

부질없이 진흙 덩어리 하나로
어찌 푸른 바다를 메우리
지극한 사랑과 깊은 정은
결국 생전의 죄였네

해제　　　큰딸 엽환환(葉紈紈)의 두 번째 기일에 딸을 애도한 연작시 10수 중 마지막
작품이다. 죽음은 인간의 힘으로 거부할 수 없는 것이다. 딸의 죽음을 받아들이지 못하
는 것은 정위(精衛)라는 새가 나무와 돌을 물어다 동해바다를 메우려는 것처럼 부질없
다. 그리고 그제야 겨우 깨닫는다. 딸에 대한 지극한 애정도 결국 전생의 업이라는
것을. 너무나도 아끼고 사랑했던 것이 오히려 벌이되어 이리도 고통스럽다는 시인의
탄식이 가슴을 뭉클하게 한다.

悼亡女 其三

灰心莫問意闌珊,[1]
小簞凄凄逼劍寒.
人去竹窓長寂寂,[2]
花梢鳥弄月明殘.

---

1) 灰心(회심): 모든 욕망(慾望), 정열(情熱), 의기(義氣) 따위가 일지 않는 재처럼 사그라진
   싸늘한 마음. 闌珊(난산): 처량하다. 암담하다. 영락하다.
2) 竹窓(죽창): 창살을 대나무로 만든 창.

죽은 딸을 애도하며 제3수

재 같은 마음이니
처량한지 묻지 마시게
썰렁한 작은 대자리에
칼 추위 닥치고
사람 떠난 대나무 창은
늘 적막한데
꽃나무에는 새 노닐고
달빛 사위어간다

해제 두 딸의 죽음을 애도하며 읊은 연작시 3수 중 마지막 작품이다. 전반부는 애달픔으로 마음이 재처럼 싸늘하게 식으니 주변 모든 것이 차갑게 느껴짐을, 후반부는 딸이 없는 방은 적막한데 세월은 어김없이 흐르고 세상은 변함없음을 노래하였다. 차가운 대자리, 적막한 죽창, 사위어가는 달빛 등 싸늘한 이미지를 통해 암담한 마음을 드러내었다.

哭先嚴君[1] 其二

罔極哀哀圖報難,[2]
寸心裂盡淚空彈.
長松月響孤山寂,
碧杜風凋弱水寒.[3]
草澤有蒿悲出入,[4]
夜臺無路問平安.
乘流縱駕肥泉棹,[5]
遊岱容顔不復觀.[6]

---

1) 嚴君(엄군): 엄하게 길러주는 어버이란 뜻으로 자기의 아버지를 일컫는다.
2) 圖報(도보): 은혜에 보답하다.
3) 弱水(약수): 신화전설 속에 나오는 강. 새 깃털도 가라앉아 아무도 건널 수 없는 강을 뜻한다.
4) 草澤(초택): 교외의 황야.
5) 肥泉(비천): 옛날의 물 이름으로 천원수(泉源水)라고도 한다. 지금의 하남성(河南省) 기현(淇縣) 경내에 있으며 동남쪽으로 흘러 위하(衛河)로 들어간다. 『시(詩)·패풍(邶風)·천수(泉水)』에 "내가 비천을 생각하며 기나긴 한숨지네(我思肥泉, 玆之永歎)"라고 했는데 모전(毛傳)에서 비천은 "같은 데서 나왔으나 각기 다른 곳으로 흐르는 물을 비천이라 한다(所出同, 所歸異爲肥泉)"고 해석 했다. 시집간 여자 자매들의 경우를 상징하는 말로 쓰이며 여기서는 출가외인이 된 딸의 신세를 의미한다.
6) 遊岱(유대): 대산(岱山)에서 노닐다는 뜻으로 죽음을 완곡하게 이르는 말. 대(岱)는 태산(泰山)을 말한다. "태산은 천손이라고도 한다. 천제의 손자이며 사람의 혼백을 부르는 것을 주관한다고 한다.(泰山, 一曰天孫, 言爲天帝孫也, 主召人魂魄)" (진(晋) 장화(張華) 『박물지(博物志)』 권1)

돌아가신 아버지를 곡하며 제2수

보답할 길 없어
슬픔이 끝없으니
마음은 다 찢어지고
눈물은 부질없이 구른다
달빛 서린 솔바람 소리에
외로운 산은 적막한데
푸른 팥배나무 바람에 시드니
약수는 차가워라
쑥대 자란 황야에
슬피 오가도
땅속에 묻힌 이에겐
문안할 길이 없네
물결 타고 이리저리
비천에서 노 저으니
대산에서 노니는 그 모습
다시 볼 수 없으리

해제 아버지 심충(沈玗)의 죽음을 애도한 연작시 2수 중 두 번째 시다. 전반부는 아버지가 세상을 떠나 이제 더 이상 은혜에 보답할 수도 없는 아픔과 비탄을 노래하였다. 후반부는 땅속에 계시니 더 이상 문안할 길도 없고, 시집간 출가외인이라 앞으로 아버지의 기일마다 제사지내러 올 수도 없는 슬픔을 묘사하였다.

悼嫂 其二

庭柏濛淸露,
猶籠舊日欄.
餘香零落盡,
舊跡慘凄看.
隴樹頻年老,¹⁾
泉臺徹夜寒.²⁾
吞聲惟此別,
揮涕爲君彈.

---

1) 隴樹(농수): 묘지에 심은 나무.
2) 泉臺(천대): 묘.

새언니를 애도하며 제2수

뜰의 측백나무 맑은 이슬 맞은 채
여전히 옛날의 난간을 덮었는데
남은 향기 다 스러지니
옛 자취 서글퍼라
무덤가 나무 해마다 늙어가고
묘는 밤새도록 차가우리
이 이별에 울음소리 삼킨 채
그대 위해 눈물 뿌리네

해제 죽은 올케를 애도하는 시이다. 올케가 누구인지는 알 수 없다. 올케가 떠난 빈자리는 예와 같은데 그 사람의 자취는 점점 사라져가는 슬픔을 노래했다. 죽은 사람을 위해 살아있는 사람이 할 수 있는 것은 그 사람을 기억하는 것뿐, 시인은 차가운 무덤에 누운 그녀를 위해 애도의 시를 짓는다.

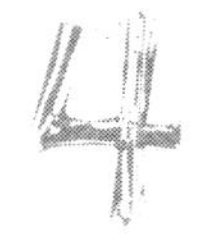

술 깨니 깊은 정은 말하기 어려워

옥빛 꽃 시들어가니 너무 가엾어
시름겨워 푸른 산 대하고 술 한 잔
봄은 가고 나비의 한만 남아
수심이 변방으로 이어지니
꿈은 아득하여라

梅花詩 其六十四

閒垂珠箔蕩香塵,[1]
玉蕊輕含繡陌春.
怨嫁東風何太早,
不如桃李一時新.

---

1) 珠箔(주박): 구슬을 꿰어 만든 발. 香塵(향진): 여기서는 향기라는 뜻으로 쓰였다. 불교용
   어 육진(六塵)의 하나이다. 육진은 중생의 참마음을 더럽히는 6가지, 즉, 색진(色
   塵), 성진(聲塵), 향진(香塵), 미진(味塵), 촉진(觸塵), 법진(法塵)을 말한다.

매화시 제64수

한가로이 드리운 구슬주렴에
향기 일렁이며
옥 같은 꽃술 가벼이 머금고
봄 길을 수놓더니
너무 일찍
동풍에게 시집 와서
한꺼번에 새로 핀
복사꽃 자두꽃만 못함을 원망하네

해제　　　매화시 100수 중 제 64수다. 전반부는 봄 길에 향기롭게 피어있는 매화를 묘사했고, 후반부는 이른 봄에 피는 매화가 복사꽃 자두꽃을 부러워한다고 상상하였다.

梅花詩 其七十九

依約南樓小樹斜,1)
可堪橫日傍吹笳.2)
玉鱗怎得青錢價,3)
買住春風不放賒.4)

---

1) 依約(의약): 희미하다. 어렴풋하다. 흐릿하다.
2) 橫(횡): 가로지르다. 곁. 가리다. 뒤얽히다. 여기서 횡일(橫日)은 해가 나뭇가지를
   가로질러 내려앉은 시간 즉 저물녘으로 보았다.
3) 玉鱗(옥린): 매화 꽃잎을 비유한다. 靑錢(청전): 동전.
4) 賒(사): 빌려주다. 외상으로 팔다.

매화시 제79수

저 멀리 남쪽 누대에
비스듬한 작은 나무
해질녘 그 곁에서
피리 불 만하여라
옥비늘 같은 꽃
어찌 돈으로 살 수 있을까
봄바람을 사놓고
꿔주지 말아야지

해제 매화시 100수 중 제 79수다. 매화나무에 꽃 피기를 기다리는 시인의 마음은 성급하다. 그렇다고 돈 주고 꽃을 피울 수도 없는 법. 봄바람이 불면 꽃이 핀다는 데 생각이 미친 시인은 봄바람을 사서 매화나무에 풀어놓고 아무에게도 꿔주지 말아야겠다고 한다. 꽃은 돈으로 살 수 없다면서 봄바람은 사둬야겠다는 발상에 웃음이 나면서도, 한편으로는 명대 화폐경제가 인간생활에 미친 영향력을 생각하게 된다.

梅花詩 其八十一

洛陽買練巧裁雲,
白紵新成舞袖薰.
莫恨錦屛春漸老,
餘香猶染舊羅裙.

매화시 제81수

낙양에서 산 흰 비단으로
솜씨 있게 만든 구름 같은 꽃
하얀 모시로 새로 지은
춤옷 소매에서 나는 향기
비단 병풍 가에서
점점 스러져가는 봄을 한하지 말자
남은 향기 아직도
오래된 비단 치마 물들이고 있으니

해제　　　매화시 100수 중 제 81수다. 전반부는 가지 가득히 피었던 매화가 바람에 날리며 떨어지는 모습을 묘사했고, 후반부는 꽃은 져도 향기는 남아있으니 가는 봄을 슬퍼하지 말자고 다짐하였다. 아직 남은 꽃향기로 상춘(傷春)의 시름을 위로하였다.

梅花詩 其八十四

一夜春寒消鏡容,
幽情驀自上眉峯.[1]
而今莫作天涯夢,
聊對疏枝寄素悰.[2]

매화시 제84수

간밤 봄추위에
거울에 비친 얼굴 수척해지니
그윽한 정은
문득 눈썹산으로 올라가네
지금부터는
하늘 끝에 있는 이 꿈꾸지 말고
그저 성긴 가지 대하고
내 마음 부치련다

해제　　매화시 100수 중 제 84수다. 전반부는 봄추위와 남편에 대한 그리움으로 수척해져 마음 상함을 노래했고, 후반부는 고통스런 마음을 매화로 달래보려 하였다. 남편을 그리며 몸도 마음도 지쳐가지만 매화를 보며 잠시 그리움도 아픔도 잊어보고 싶은 마음을 드러냈다.

梅花詩 其八十五

遶砌堪攀憶隴頭,¹⁾
小庭霜落夜香浮.
湘簾捲上邀明月,²⁾
煮茗同君漫和酹.³⁾

---

1) 隴頭(농두): 농산(隴山). 변새(邊塞)지역을 가리킨다. 남조(南朝) 송(宋)의 육개(陸凱)는
   범엽(範曄)과 절친했는데, "역사를 만나 매화 꺾어 농두사람에게 부친다. 강남 사람은
   가진 것이 없어, 그저 봄 한 가지를 보낸다(折梅逢驛使, 寄與隴頭人. 江南無所有, 聊贈一
   枝春)"라는 시와 매화가지 하나를 꺾어 장안(長安)에 있던 범엽에게 보냈다고 한다. 이
   로부터 먼 곳에서 오고가는 서신을 '농두음신(隴頭音信)'이라 한다.
2) 湘簾(상렴): 줄기에 검은색 얼룩무늬가 있는 상비죽(湘妃竹)으로 짠 발. "순임금이 죽자
   두 왕비가 흘린 눈물이 대나무를 물들여 얼룩졌다. 두 왕비가 죽어 상수(湘水)의 여신이
   되었으므로 이 대나무를 상비죽(湘妃竹)이라 한다.(舜死, 二妃淚下, 染竹卽斑. 妃死爲湘
   水神, 故曰湘妃竹.)"(진(晋) 장화(張華) 『박물지(博物志)』 권8)
3) 酹(뢰): 따르다. 붓다.

매화시 제85수

섬돌 맴돌다 가지 잡아당기니
농두에 있는 이 생각나는데
작은 뜰에 서리 내리니
밤 향기 떠다니네
상죽 주렴 말아 올려
밝은 달 맞이하고
차 끓여 마음대로
그대와 주거니 받거니

해제　　　매화시 100수 중 제 85수다. 전반부는 달밤에 하얗게 핀 매화를 보며 먼 곳에 있는 남편을 생각하고, 후반부는 달과 매화를 벗 삼아 차 마시는 일을 노래했다. 이백(李白)은 「월하독작(月下獨酌)」에서 "술잔 들어 밝은 달 초대하고, 그림자를 대하니 셋이 되었네(擧杯邀明月, 對影成三人)"라고 노래하며 달, 그림자, 술로 고독을 달랬는데, 작자는 달, 매화, 차와 함께 고독을 달랜다.

梅花詩 其八十七

畫裏江南夢裏思,
香蕤結素露凝絲.
偏憐玉色供零落,[1]
愁對靑山酒一巵.

---

1) 零落(영락): 초목이 시들어 떨어짐.

매화시 제87수

그림 속엔 강남
꿈속엔 그리움
흰 비단 엮은 향기로운 꽃에
실처럼 맺힌 이슬
옥빛 꽃 시들어 가니
너무 가여워
시름겨워 푸른 산 대하고
술 한 잔

해제   매화시 100수 중 제 87수다. 전반부는 몸은 그림 같은 강남에 있지만 마음은 늘 남편 생각으로 가득함을 노래했고, 후반부는 시들어가는 매화로 인해 시름겨운 마음을 노래했다. 꽃 피고 꽃 지며 세월은 흐르는데 그리움 속에 외로이 늙어가니 술 한 잔 아니할 수 있을까?

梅花詩 其九十七

賦就長門思有餘,[1]
拂箋空怨綵毫書.[2]
相攜麗友言花恨,
寂寂霜風剪玉裾.[3]

---

1) 장문부(長門賦): 한(漢) 사마상여(司馬相如)가 지은 부(賦). 「장문부서(長門賦序)」에 의하면, 한(漢) 무제(武帝)때 진황후(陳皇后)가 왕의 총애를 잃고 장문궁에 유폐된 뒤에 사마상여(司馬相如)가 문장을 잘 짓는다는 말을 듣고 100근(斤)의 황금을 보내어 글을 요청하자 사마상여가 「장문부(長門賦)」를 지어 주었는데, 한 무제가 그 글을 읽고 나서 진 황후를 다시금 총애했다고 한다. 그러나 역사 기록에는 무제가 진황후를 다시 총애했다는 사실이 없다.
2) 綵毫(채호): 뛰어나고 아름다운 글. 뛰어난 문재(文才)를 비유하는 말. 강엄(江淹)은 어린 시절 꿈에 오색필(五色筆)을 받은 뒤부터 문사(文思)가 뛰어나게 되었는데 만년에 꿈에 자칭 곽박(郭璞)이라는 사람이 그 붓을 돌려받아 간 후에는 아름다운 글을 지을 수가 없었다고 한다. (종영(鍾嶸)의 『시품(詩品) · 제광록강엄(齊光祿江淹)』)
3) 玉裾(옥거): 옥 같은 옷자락이라는 뜻으로 여기서는 흰 매화꽃잎을 비유한다.

매화시 제97수

장문부를 지어도
그리움은 남아
편지지 쓰다듬으며
아름다운 글 부질없이 원망한다
고운 벗과 손잡고
꽃의 한을 말하는데
쓸쓸한 서릿바람
흰옷자락 자른다

해제　　매화시 100수 중 제 97수다. 전반부는 장문부(長門賦)를 지어도 그리운 맘을 달랠 수 없음을, 후반부는 매화에게 하소연해보지만 매화마저 서릿바람에 떨어지고 마는 절망감을 노래했다.

梅花詩 其一百

尋句欲消寒夜漏,
參橫月落照窓虛.[1]
深情酒醒渾難道,
詩思吟來總不如.[2]

---

1) 參橫(참횡): 참성(參星)이 비스듬히 기울다는 뜻으로 밤이 깊었음을 말한다. 참성은 28
수(宿)의 하나로 유시(저녁 5시-7시 사이)에 서쪽 하늘에 떠서 밤이 깊어지면 비스듬히
기울어진다.
2) 詩思(시사): 시상. 시를 짓는 생각의 실마리.

매화시 제100수

시구 찾는 추운 밤
물시계 사위어가니
참성(參星) 기울고
지는 달 빈창을 비추네
깊은 정은 술 깨니
말하기 너무 어려워
시를 읊어 봐도
끝내 마음 같지 않네

해제　　　「매화시 100수」 중 마지막 작품이다. 시구 찾느라 밤을 샜지만 '깊은 정(深情)'은 말로 표현하기 어려워 밤새 쓴 시는 결국 마음에 차지 않음을 노래했다. 100수에 걸친 연작시를 매듭짓는 작품으로 연작시 전체를 총괄하는 역할을 한다. 이 시에서 밝힌 바와 같이 연작시 100수를 일관하는 가장 중요한 키워드는 '깊은 정'이다. 엽소원의 「매화시서(梅花詩序)」에 의하면 그가 북경에서 관직을 사임하고 돌아왔을 때, 심의수가 「매화시 100수」를 꺼내 보였다고 한다. 작자는 남편이 없는 집에서 8남 5녀의 자녀를 키우고, 시어머니를 모시고, 집안의 모든 대소사를 홀로 감당하며 느끼는 외로움과 원망과 그리움을 「매화시 100수」에 오롯이 담아냈다. 따라서 「매화시 100수」의 주인공은 매화가 아니라 바로 작자의 이 같은 마음이다. 이 때문에 「매화시 100수」에는 매화의 모습이 잘 드러나지 않는 시가 많다. 그것은 매화의 자태나 기품을 묘사하면서 고결한 절개나 고상한 인품을 드러내는 일반적인 영물시의 전통에서 벗어나있기 때문이다. 여기서 매화는 작자의 수심을 들어주고 위로해주는 정서적 동반자이며, 작자의 내면이 투영된 작자 자신의 그림자이다.

陌頭楊柳辭[1] 其十

風吹綠水撲柔條,
燕燕鸎鸎語寂廖.[2]
春去偏留蝴蝶恨,
愁連紫塞夢迢遙.[3]

---

1) 陌頭楊柳辭(맥두양류사): 양류지(楊柳枝)류에 속하는 악곡 이름.
2) 寂廖(적료): 고요하다. 텅 비다.
3) 紫塞(자새): 북쪽 변방. 만리장성을 쌓은 그곳의 토지가 붉은 색이라 붙은 이름이다.

맥두양류사 제10수

푸른 물에 부는 바람
부드러운 가지를 스치니
제비 꾀꼬리
지저귀는 소리 사라지네
봄 가며
나비의 한만 남기니
수심은 변방으로 이어져
꿈은 아득하여라

해제　　　 길가의 버들을 노래한 맥두양류사 10수 중 마지막 작품이다. 봄이 가는
고요한 풍경 속에 님을 기다리는 여인의 한을 노래했다. 봄이 다 저물어도 출정나간
님은 돌아오지 않고, 기다리는 여인의 꿈은 아득하기만 하다.

蛺蝶

遲日園林簇錦成,¹⁾
穿花度柳逐飛英.²⁾
翩翩不管春將晚,
來去長如一夢輕.

---

1) 遲日(지일): 봄날. 『시경(詩經)·빈풍(豳風)·칠월(七月)』에 "봄날 해는 느릿느릿(春日遲遲)"이라는 구절에서 유래했다. 簇錦(족금): 족금단화(簇錦團花). 비단과 꽃을 모아놓았다는 뜻으로 화려하고 아름다운 풍경을 형용한다.
2) 飛英(비영): 춤추듯 나부끼는 눈송이. 여기서는 눈처럼 날리는 버들개지를 비유한다.

나비

봄 동산은
비단 모은 듯 찬란한데
꽃 지나 버들가지 건너
날리는 버들개지 좇네
팔랑팔랑 날아다니며
봄이 저물어도 상관치 않으니
오고 감이 늘
꿈처럼 가볍구나

垂絲海棠[1]

煙籠微雨嫩紅柔,
弱韻消春脈脈愁.[2]
昨夜宿醒猶未解,[3]
嬌容無力懶扶頭.

---

1) 垂絲海棠(수사해당): 장미과(薔薇科) 사과나무속(蘋果屬)의 식물로 학명은 **Malus halliana**이다. 흔히 꽃사과라고 부르는 꽃나무의 일종이다. 중국이 원산지이며 **4**월에 꽃이 피는데 다른 꽃사과와 달리 꽃송이가 모두 아래로 처져있다. 가을에 사과모양의 작은 붉은색 열매가 열린다. 관상용으로 정원에 많이 심는다.
2) 脈脈(맥맥): 끝없이 이어진 모양.
3) 宿醒(숙정): 숙취.

수사해당

자욱한 안개비 속에
여린 붉은 꽃
연약한 자태로 봄을 보내니
수심은 끝없어라
어젯밤 숙취가
아직 풀리지 않은 듯
아리따운 얼굴 힘없어
머리를 가누지 못하네

해제　　수사해당을 노래한 7언 절구 영물시다. 전반부는 안개비 속에 가녀린 꽃의
자태를, 후반부는 꽃송이가 아래로 처진 특징을 읊었다. 고개 숙인 꽃송이를 지난밤
숙취로 인해 머리를 가누지 못하는 여인에 비유하여 님을 기다리는 여인의 수심과
고독을 노래했다.

迎春花[1]

臘盡梅邊柳乍靑,[2]
上林春信到銀屛.[3]
深紅淺碧羞爭豔,
聊著黃裳作小星.

---

1) 迎春花(영춘화): 물푸레과의 낙엽관목으로 학명은 **Jasminum nudiflorum**이다. 겨울에 잎
   이 떨어지고, 이른 봄 잎이 나기 전에 노란 꽃이 먼저 핀다. 꽃받침과 꽃잎은 6개이고
   향기는 없다.
2) 臘(랍): 섣달.
3) 上林(상림): 한(漢) 무제(武帝)가 개축한 궁중의 정원. 널리 제왕이 소유한 동산을
   가리키는 말.

영춘화

섣달 다 지나니
매화 곁 버들 문득 푸르러지며
상림(上林)의 봄소식
은병풍에 이르렀네
연푸른 잎에 짙은 붉은 꽃과
아름다움 다투기 부끄러워
그런대로 노란 치마나마 입고서
작은 별이 되었네

해제　　　이른 봄에 꽃 피워 봄소식을 전해주는 영춘화를 노래한 7언 절구 영물시이다. 전반부는 섣달이 지나고 이른 봄이 되었음을, 후반부는 영춘화가 다른 꽃보다 일찍 핀 까닭을 노래했다. 화려함을 뽐내는 다른 봄꽃들에게 부끄러워 서둘러 핀 영춘화를 작은 별에 비유하여 그 귀여움을 강조하였다.

玉簪花[1]

涼秋颯颯晚風淸,[2]
香遞雲綃雪剪成.[3]
鶴唳碧空仙駕遠,
霓裳吹落羽衣輕.[4]

---

1) 玉簪花(옥잠화): 백합과의 여러해살이풀로 학명은 **Hosta plantaginea Aschers**이다. 늦여름에서 가을에 흰 꽃이 피며 향기가 좋아 널리 관상용으로 정원에 심는다. 꽃봉오리가 비녀같이 생겨 옥잠화라는 명칭이 붙었다. 전설에 의하면 서왕모가 요지(瑤池)에서 베푼 잔치에 참가한 선녀들이 술에 취해 떨어뜨린 비녀가 인간 세상에 떨어져 꽃이 되었다고 한다.

2) 颯颯(삽삽): 바람이 부는 소리를 형용하는 말.

3) 遞(체): 갈마들다. 전하다. 雲綃(운초): 구름무늬를 넣어서 짠 비단.

4) 霓裳羽衣(예상우의): 구름과 깃털로 만든 신선의 옷. 여기서는 흰 옥잠화를 비유한다.

옥잠화

서늘한 가을
살랑이는 저녁 바람 맑으니
흰 눈으로 만든
구름비단 꽃에 향기 이네
푸른 하늘에 우는 학
선녀를 태우고 멀어지는데
바람에 떨어진
예상우의는 가벼워라

해제　　옥잠화를 노래한 7언 절구 영물시다. 전반부는 하얀 옥잠화에서 풍기는 향기를 읊었고, 후반부는 옥잠화의 모습을 학을 타고 가는 선녀가 떨어뜨린 날개옷에 비유했다. 흰 꽃봉오리 모양이 비녀와 비슷하여 옥잠화라고 하는데 작자는 비녀와 관련된 비유를 전혀 쓰지 않고 오히려 날개옷에 비유하여 독특함을 드러냈다.

봄꽃과 가을 달 모두 망망하고

느긋한 바람 부는 대나무에
꾀꼬리 어지러이 지저귀고
긴 낮 꽃 따라
나비 짝지어 찾아든다
꽃 지는 밤에 배회하며
달 밝은 때에 슬퍼하네
인간사 늘 무상하니
덧없는 인생 그저 이런 것을

初夏

春堤水瀰瀰,[1]
芳樹春風起.
流鶯不住啼,[2]
花霧愁無已.
畫閣鎖蒼苔,
藥欄綴餘綺.[3]
日月亘古忙,[4]
春華倏成萎.[5]
擾擾夢中身,[6]
何須分惡美.
蝴蝶猶翩翩,
南華已故紙.[7]
今古總茫然,
誰非與誰是.
翠徑吐新篁,
浮生聊爾爾.[8]

---

1) 瀰瀰(미미): 물이 가득한 모양, 많은 모양.
2) 流鶯(류앵): 꾀꼬리. 류(流)자는 꾀꼬리 소리가 유창하여 붙은 말이다.
3) 藥欄(약란): 작약꽃밭을 두른 난간. 널리 꽃밭에 둘러친 난간을 말한다. 餘綺(여기): 남은 비단. 여기서는 아직 지지 않고 남아있는 봄꽃을 비유한다.
4) 亘古(긍고): 예로부터.
5) 倏(숙): 별안간. 홀연. 갑자기.
6) 擾擾(요요): 어수선하고 뒤숭숭하다.
7) 南華(남화):『남화진경(南華眞經)』,『장자(莊子)』를 말한다. 남화진인(南華眞人)의 생략형으로 장자(莊子)를 지칭하는 말. 故紙(고지): 오래된 책. 케케묵은 책.
8) 爾爾(이이): 이와 같다.

초여름

봄 둑에 물 넘실넘실
꽃나무에 봄바람이 이네
꾀꼬리 울음 그치지 않으니
꽃 안개에 시름은 끝이 없네
채색 누각에는 푸른 이끼 가득하고
작약 울타리에는 남은 꽃 매달렸네
해와 달은 예로부터 바빠
봄꽃이 벌써 시들어가네
어지러운 꿈같은 신세에
어찌 추하고 아름다운 것 분별하리
나비는 여전히 나풀나풀 날지만
장자는 이미 해묵은 책이 되었네
예나 지금이나 결국 다 망연하니
누가 그르고 누가 옳은가
푸른 오솔길에 새 대나무 솟아나니
덧없는 인생 그저 이런 것을

해제 초여름 풍경을 대하며 느낀 인생에 대한 감회를 노래하였다. 전반 8구는 봄에서 초여름으로 가는 풍경을 묘사하며 시간의 흐름을 읊었고, 후반 8구는 세월의 흐름 속에서 느끼는 인생무상을 노래하였다. 그 옛날 나비꿈을 꾼 장자가 남긴 철학은 지금 비록 케케묵은 책이 되었지만 나비는 여전히 날아다니며 장자의 꿈을 환기한다. 덧없는 인생에 시비(是非)와 미추(美醜)를 분별하는 것은 예나 지금이나 아무런 의미가 없으며, 봄이 가고 여름이 오면 새 대나무가 자라듯 우리 인생도 그렇게 흘러가는 것이다.

晚景

斜日長風吹暮雲,
雲連樹色碧氤氳.¹⁾
花臨返照偏明豔,²⁾
好染餘曛作舞裙.³⁾

---

1) 氤氳(인온): 음(陰)과 양(陽)의 기운이 서로 합하여 어린 형상. 자욱한 모양.
2) 返照(반조): 석양(夕陽). 豔(염): 곱다. 탐스럽다.
3) 曛(훈): 황혼. 해질녘.

저녁 풍경

해 기우니 긴 바람에
저녁 구름 날리고
구름에 잇닿은 나무에
푸른빛 자욱하다
석양에 비친 꽃은
더욱 선명하고 고와
남은 노을에 물들여
춤옷 만들면 좋겠네

해제　　해질 무렵의 경치를 읊은 7언 절구이다. 전반부는 원경을 후반부는 근경을 묘사했다. 노을에 물들어 가는 꽃을 바라보며 무지개빛 아롱지는 춤옷 만들어도 좋겠다는 작가의 감성이 예쁘다. 세상을 노을빛으로 물들이며 사위어가는 석양의 아름다움을 여성 특유의 감성으로 묘사했다.

五日¹⁾ 其二

初浴蘭湯小院凉,²⁾
百花先探艾根香.³⁾
靈符空帶愁難辟,
色縷新添恨更長.⁴⁾
綠柳吹煙凄夜月,
錦葵含露泣幽簹.⁵⁾
可憐正是懸桃日,⁶⁾
惆悵天涯獨擧觴.

---

1) 五日(오일): 음력 5월 5일. 단오(端午)를 가리킨다.
2) 浴蘭湯(욕란탕): 난초를 달인 물에 목욕하다. 옛사람은 난초로 벽사(辟邪)한다고 믿었다. 창포물에 머리 감는 것과 같은 류의 단오풍속이다.
3) 艾(애): 단오날에 벽사를 위해 문에 달아놓는 쑥. 다발로 묶어 매달거나 호랑이 모양을 만들어 매단다.
4) 色縷(색루): 장명루(長命縷), 속명루(續命縷)라 부르는 오색실. 단오절 풍속의 하나로 이 오색실을 팔에 묶으면 장수한다고 믿었다.
5) 錦葵(금규): 촉규(蜀葵)의 일종. 학명은 **Malva sinensis var.mauritiana Mill**. 우리나라에서는 당아욱이라고 한다. 이년생 혹은 다년생 초본식물로 여름에 자홍색 꽃이 피며 약용 및 관상용으로 널리 재배된다.
6) 懸桃(현도): 도부(桃符)를 걸다. 도부는 복숭아나무 판자에 문신(門神)을 그리거나 문신의 이름을 새겨 넣은 부적으로, 보통 음력설에 대문에 한 쌍을 나란히 걸어 악귀를 쫓았다.

단오 제2수

난초 물에 막 목욕하니
작은 뜰은 상쾌하고
온갖 꽃 먼저 꺾고 나니
쑥 뿌리 향기롭다
부질없이 영험한 부적 지녀도
시름은 물리치기 어렵고
새로 오색실 더하니
한은 더욱 길어진다
푸른 버들에 안개 끼어
밤 달 처량하니
당아욱에 이슬 맺히고
그윽한 대나무 흐느끼네
가련하게도
도부 거는 이 단오날에
슬프구나
하늘가에서 홀로 잔 드니

해제　　단오를 맞이하여 느낀 쓸쓸함과 서글픔을 노래한 연작시 2수 가운데 두 번째 시이다. 난초물에 목욕하고, 쑥을 걸어 두고, 벽사용 부적을 지니고, 수명을 길게 한다는 장명루(長命縷)를 묶는 등 단오절이면 늘 하던 액막이를 다 해봐도 사라지지 않는 시름을 노래했다. 시인의 이 모든 시름은 멀리 떠나 있는 남편으로 인해 일어난다. 시어머니와 아이들을 혼자서 보살피며 맞이한 명절에 남편의 부재는 더 아프게 느껴졌을 것이다. 그 아픔을 홀로 달래는 시인의 삶이 고단해 보인다.

夏日涼風

何處涼飆衣袂侵,[1]
未經搖落早驚心.
淸浮白雪班姬扇,[2]
響動靑山謝朓吟.[3]
竹爲風徐鶯亂語,
花隨晝永蝶雙尋.
閑來舊事休重省,[4]
若到秋風恐不禁.

---

1) 飆(표): 회오리바람.
2) 班姬扇(반희선): 반첩여가 노래한 가을부채. 반희는 서한(西漢) 성제(成帝)의 후궁이었던 반첩여(班倢伃)이며 이름은 전해지지 않는다. 처음에 성제의 총애를 받았으나 나중에 조비연(趙飛燕)의 모함으로 총애를 잃었다. 이러한 자신의 처지를 가을 부채에 비유한 시 「원가행(怨歌行)」(혹은 「단선가(團扇歌)」라고도 한다)을 지었다. 이로부터 가을부채는 님의 변심으로 사랑을 잃은 여인의 처지를 상징하게 되었다.
3) 謝朓(사조): (464~499), 중국(中國) 남조(南朝) 시대 제(齊)나라 시인(詩人)이며 자는 현휘(玄暉)이다. 그의 시는 음률을 중시한 영명체(永明體)에 속하는데 특히 산수의 아름다움을 묘사한 서경시에 뛰어났으며 맑고 청신(淸新)한 기풍을 지녔다. 『사선성시집(謝宣城詩集)』이 전해진다.
4) 閑來(한래): 평소에.

여름날 시원한 바람

어디서
이 서늘한 회오리바람
옷소매로 들어오나
아직 낙엽도 지지 않았는데
벌써 놀라는 마음
맑게 뜬 흰 구름
반첩여의 부채요
청산에 울리는 소리
사조의 노래라
느긋한 바람 부는 대나무에
꾀꼬리 어지러이 지저귀고
긴 낮 꽃 따라
나비 짝지어 찾아든다
지금은 옛일 자꾸 돌아보지 말자
가을바람 이르면 견디지 못하리니

해제　　여름에 부는 시원한 바람을 맞으며 느낀 감정을 노래하였다. 제1, 2구는 시원한 바람 불어 놀란 마음을, 제3구에서 제6구까지는 여름 풍경을 묘사하였고, 마지막 2구는 바람으로 인해 슬퍼지는 마음을 노래했다. 가을바람으로 착각하여 놀란 마음을 눈에 보이는 여름풍경으로 진정시켜보지만 차오르는 슬픔에 어쩔 줄 모르는 감정의 흐름을 유려하게 그려냈다. 건듯 부는 바람에도 시름겨운 마음 다잡으려 안간힘을 쓰는 작자의 모습이 몹시 아프다.

七夕 其二

今宵瓜菓薦新涼,[1]
明日難堪舊七襄.[2]
鵲散橋空千古恨,
兎寒藥悔九秋長.[3]
漫憐人事何常定,
豈獨天邊遂莫當.
又值班姬悲扇候,
雁飛砧石更徬徨.

---

1) 瓜菓(과과): 과실. 덩굴 식물에 달리는 과실과 나무에 열리는 과실을 통칭하는 말. 薦新(천신): 새로 수확한 과일이나 곡식으로 드리는 제사. 옛 풍습에 여자들이 칠석날 저녁에 모여 직녀성에 과일을 바치고 바느질 솜씨가 좋기를 빌었다. 涼(량): 가을.
2) 七襄(칠양): 직녀성. 직녀성이 대낮에 일곱 번 자리를 옮기기 때문에 생긴 별칭이다.
3) 兎寒藥悔(토한약회): 토한(兎寒)은 곧 한토(寒兎)로 가을 달을 비유하는데, 여기서는 달 속의 항아가 불사약을 훔쳐 먹고 달아남을 후회한다는 뜻이다. 九秋(구추): 가을. 음력 9월의 깊은 가을을 가리키는 말.

칠석 제2수

오늘밤 과일 올려 가을 제사 드리지만
내일이면 옛 직녀성은 견디기 어려우리
흩어진 오작교에는 천고의 한
불사약 훔쳐 후회하는 항아에게 가을은 길어라
사람의 일 늘 무상함이 몹시 애석하니
어찌 하늘의 너희만 감당하기 어려울까
반첩여가 부채를 슬퍼하는 계절을 또 만나니
날아가는 기러기와 다듬잇돌 소리에 더욱 방황하네

해제　　　칠석날을 맞아 느낀 감회를 노래한 연작시 2수 중 두 번째 작품이다. 직녀와 항아는 남편과 늘 이별한 채 살아가는 여인의 투영이다. 일 년에 한 번 견우를 만나는 직녀의 짧은 만남 긴 이별, 차가운 달에 갇힌 항아의 외로움은 비단 하늘에서만 일어나는 일이 아니다. 인간사 역시 무상하여 견디기 힘든 이별의 고통은 땅에서도 다반사이다. 그래서 가을이면 더욱 갈피를 잡기 힘든 마음에 방황하는 것이다.

七夕 其二

雲母屛風映水晶,[1]
琅玕碧樹晚凉生.[2]
相逢莫話經年事,[3]
只恐重傷離別情.

---

1) 雲母屛風(운모병풍): 운모로 장식한 병풍. 운모(雲母, mica)는 화강암의 일종으로 투명하면서도 얇게 쪼개져 기물을 장식하는 용도로 쓰인다. 『서경잡기(西京雜記)』에 소양전(昭陽殿)에 운모선(雲母扇)과 운모병(雲母屛)이 있다는 기록이 있다.
2) 琅玕(낭간): 대나무의 미칭. 원래는 장식용으로 많이 쓰이는 청백색의 반투명한 옥돌을 가리킨다.
3) 經年(경년): 한 해가 지나가다. 만 1년.

칠석 제2수

운모병풍에
수정 달빛 비치니
푸른 대나무에
저녁 한기 생기네
만나서는
지난 일 이야기 하지마라
그저 이별의 정으로
또 아플까 걱정스러우니

해제　　　칠석을 노래한 연작시 3수 중 제 2수다. 전반부는 칠석날 저녁 풍경을 노래했고, 후반부는 견우와 직녀의 슬픈 만남을 노래했다. 짧은 재회에 긴 이별의 한으로 아파할까봐 염려하는 데서 동병상련하는 작자의 고통이 드러난다.

七夕 其三

微雲斜月淡河梁,
白露無聲濕芰裳.1)
鵲駕乍歸雞又早,
玉壺偏惜一宵長.2)

---

1) 芰裳(기상): 마름꽃 무늬를 수놓은 치마.
2) 玉壺(옥호): 옥루(玉漏). 옥으로 장식한 물시계.

칠석 제3수

옅은 구름에 달 비끼어
은하수 희미한데
흰 이슬은 소리 없이
마름꽃 수놓은 치마를 적시네.
다리 놓은 까치 어느새 돌아가고
닭도 일찍 우는데
물시계만이
긴 밤 내내 안타까워하네

해제　　　칠석을 노래한 연작시 3수 중 마지막 작품이다. 제1, 2, 3구는 밤부터 새벽까지 시간의 흐름을 묘사하고, 제4구는 짧은 만남을 안타까워하는 심정을 노래했다. 3구에 걸쳐 시간의 흐름을 객관적으로 묘사하고, 마지막 구에서 물시계를 빌어 화자의 심정을 살짝 드러냄으로써 매우 담담한 느낌을 준다. 그러나 그 속에 언뜻 내비치는 여인의 상심은 그 담담한 어조와 대비되어 오히려 더욱 강렬한 인상을 남긴다.

七夕病中作

疏雨庭皐翠影流,1)
迴廊寂寂鳥聲幽.
江干水泛隨堤遶,2)
隴首雲飛落日浮.3)
病肺只堪高枕臥,
悲秋那假斷猿愁.4)
天邊靈匹年年會,5)
試問何時卻是休.

---

1) 皐(고): 연못. 물가.
2) 江干(강간): 강가. 강변.
3) 隴首(농수): 산꼭대기.
4) 斷猿(단원): 단장원(斷腸猿). 장이 다 끊어진 원숭이라는 뜻으로 자식 생각에 몹시 비통한 부모의 마음을 비유한다. 환공(桓公)이 촉(蜀)땅에 갔을 때, 수행하던 사람 하나가 삼협(三峽)에서 원숭이를 잡았다. 어미 원숭이가 슬프게 울부짖으며 강 언덕을 따라오는데 백 여리를 가도 떠나지 않더니 마침내 배 안으로 뛰어 들어왔다. 뛰어들자마자 기절하여 죽었는데 그 배를 갈라보니 장이 마디마디마다 다 끊어져 있었다. 환공이 듣고 노하여 그 수행원을 쫓아버렸다. (유의경(劉義慶)의 『세설신어(世說新語)·출면(黜免)』)
5) 靈匹(영필): 신령스러운 배필이란 뜻으로 견우와 직녀를 가리킨다.

칠석날 병중에 짓다

성긴 비 내린 연못에 푸른 빛 흐르고
고요한 회랑에 새소리 그윽하다
물 불어난 강가에 강물이 제방 따라 흐르고
구름 날리는 산에 지는 해 떠있네
폐병을 그저 베개 높이 베고 누워 견디니
슬픈 가을에 애끓어진 원숭이와 같은 시름할 겨를이 없네
하늘가에 견우직녀 해마다 만나는 일
언제 그칠런지 물어보네

해제　　　세상을 떠나기 바로 전에 쓴 절필시(絶筆詩)이다. 심의수는 1632년 겨울에 두 딸 엽환환과 엽소란을 연이어 잃었다. 게다가 1635년 2월에는 둘째 아들 엽세칭(葉世偁, 1618-1635)이, 5월에는 막내아들 엽세양(葉世儴, 1631-1635)이 세상을 떠났다. 잇따른 가족의 죽음으로 인해 병석에 누워 일어나지 못하던 그녀는 그해 9월5일 이 세상을 하직하고 말았다. 해마다 반복되는 견우직녀의 만남과 이별이 언제 그치는지 물어보는 데서 삶에 지친 작자의 마음이 드러난다.

秋懷

西風吹木葉,
蕭索使人悲.¹⁾
水冷秋葭靜,
天空夕鷺遲.
徘徊花落夜,
惆悵月明時.
滿目凄凉事,
愁應羅帶知.

가을 상념

가을바람 나뭇잎에 불어오니
소슬히 슬퍼진다
차가운 물에는 가을 갈대 고요하고
텅 빈 하늘에는 저녁 따오기 느릿느릿
꽃 지는 밤에 배회하며
달 밝은 때에 슬퍼하네
눈길 닿는 것 마다 처량하니
근심은 응당 비단 허리띠가 알리라

해제　　가을에 느끼는 쓸쓸함을 노래했다. 전반부는 바람에 날리는 낙엽, 물가의 갈대, 빈 하늘을 날아가는 따오기 등 쓸쓸한 가을 풍경을, 후반부는 잠 못 이루고 달밤에 홀로 배회하는 마음을 노래했다.

感秋

月向天中小,
人驚秋暮悲.
玄霜初落候,[1]
客夢未歸時.
縹緲三湘雁,[2]
蕭條雙鬢絲.[3]
空餘舊簫管,[4]
懶對月明吹.

---

1) 玄霜(현상): 짙은 서리. 된서리.
2) 三湘(삼상): 원상(沅湘), 소상(瀟湘), 자상(資湘)을 함께 이르는 말. 진(晋) 도잠(陶潛)「중장사공족조(贈長沙公族祖)」시 "아득한 삼상, 도도한 구강(遥遥三湘, 滔滔九江.)" 아래 도주(陶澍)의 집주(集注)에 "상수가 발원하여 소수를 만나면 소상이라 하고, 동정호 능자구에 이르러 자강과 만나면 자상이라 하고, 북쪽으로 원수와 동정호에서 만나면 원상이라고 한다(湘水發源會瀟水, 謂之瀟湘, 及至洞庭陵子口, 會資江, 謂之資湘, 又北與沅水會於湖中, 謂之沅湘)"라고 했다.
3) 蕭條(소조): 드문드문하다.
4) 空餘(공여): 한가하다.

가을을 느끼며

달이 하늘 가운데에 조그마니
깊어가는 가을에 놀라 슬퍼진다
된서리 처음 내리는 즈음
나그네 꿈에서 아직 돌아오지 않는 이 때
아득한 삼상의 기러기
성긴 두 귀밑머리
한가로이 옛 퉁소를
밝은 달 마주하고 억지로 불어본다

해제　　　깊어가는 가을에 느끼는 쓸쓸함을 노래하였다. 가을이면 문득 느껴지는 쏜살같은 세월에 대한 놀라움, 아직 돌아오지 않는 남편에 대한 기다림, 점점 늙어가는 자신의 모습에 대한 슬픔, 이 모든 것을 달래보려고 억지로 퉁소 불어보는 그녀가 안쓰럽다.

秋思 其二

絡緯啼凉入畫屏,[1]
隔窗時見度飛螢.
煙波漠漠浮南浦,[2]
木葉蕭蕭下洞庭.[3]
萬戶寒砧同夕露,[4]
一聲新雁滿沙汀.
擧頭欲問衡陽信,[5]
無奈聲哀不忍聽.[6]

---

1) 絡緯(낙위): 베짱이.
2) 南浦(남포): 남쪽에 있는 물가라는 뜻인데 흔히 이별의 장소를 상징한다. 『초사(楚辭)·구가(九歌)·하백(河伯)』에 "그대 악수하고 동쪽으로 떠나니, 미인을 남포에서 전송하네(子交手兮東行, 送美人兮南浦.)"라는 구절에서 유래했다.
3) 洞庭(동정): 동정호(洞庭湖). 호남성(湖南省) 비부(比部)에 있는 중국에서 가장 큰 담수호.
4) 寒砧(한침): 찬바람 속에 들리는 다듬이질 소리. 가을에 겨울옷을 준비하기 위해 하는 다듬이질.
5) 衡陽信(형양신): 형양안단(衡陽雁斷). 기러기가 형양을 넘어가지 못한다는 뜻으로 소식이 끊어졌음을 비유한다. 기러기가 호남성(湖南省) 형양에 있는 회안봉(回雁峰)을 넘어가지 못한다는 전설에서 유래하였다.
6) 無奈(무내): 비할 바가 없다. 몹시~하다. 어찌할 방법이 없다.

가을 상념 제2수

싸늘한 베짱이 울음소리
그림병풍으로 들어오고
창 너머로 가끔씩
지나가는 반딧불이 보이네
물에 자욱한 안개
남포에 떠있고
나뭇잎 쓸쓸히
동정호로 떠내려간다
만호의 가을 다듬이질 소리
저녁 이슬과 함께하고
한 자락 새로 온 기러기 소리
모래섬에 가득하네
고개 들어
형양의 편지 물어보려는데
그 소리 너무 애처로워
차마 듣지 못하겠네

해제　　　가을에 이는 상념을 노래한 연작시 8수 중 제 2수다. 전반부는 쓸쓸한 가을 풍경을 묘사했고, 후반부는 남편의 소식을 기다리는 애달픈 마음을 노래했다. 가을이 깊어가도 남편이 돌아온다는 소식 없어 슬픈 작자에게 기러기 소리는 더욱더 애처롭게 들린다.

秋日 其四

滿徑秋花發，
碧雲天際遙.
芙蓉池上老，
梧葉露中飄.

가을 제4수

오솔길 가득히 가을 꽃 피었고
푸른 구름 하늘 끝 멀리 있네
연꽃은 연못에서 시들어가고
오동잎은 이슬 속에 나부끼네

해제　　　가을을 읊은 연작시 8수 중 제 4수다. 전반부는 오솔길에 가득 핀 가을꽃과 푸른 구름 멀리 떠 있는 높은 가을 하늘로 아름다운 가을 풍경을 노래했고, 후반부는 시들어가는 연꽃과 나부끼는 오동잎으로 영락해가는 가을 풍경을 읊었다. 아름다운 가을 속에 영락해 가는 가을을 대비시켜 가을이 지닌 양면성을 인상적으로 묘사하였다.

秋日 其六

折取秋棠花,
復把叢蘭摘.
香豔共余愁,
三絶應無敵.1)

---

1) 三絶(삼절): 가장 빼어난 세 가지.

가을 제6수

가을 해당화 꺾고
다시 난초 따네
그 향기와 아름다움이
내 수심과 함께하니
이 삼절(三絶)은
대적할 게 없으리

해제　　가을을 읊은 연작시 8수 중 제 6수다. 예쁜 가을해당과 향기로운 난초를 작자의 수심과 함께 '삼절(三絶)'이라 표현한 유머도 놀랍지만, 수심을 이토록 아름답게 자신의 삶으로 끌어안은 것은 더욱 더 경이롭다.

秋日　其八

望斷月華明,1)
久立空延佇.2)
欲訴臨風愁,
沉吟竟無語.

가을 제8수

환한 달무리
하염없이 바라보며
오랫동안 서서
부질없이 머뭇거리네
바람결에
수심을 토로하려 해도
나직이 읊조릴 뿐
끝내 말 못하네

해제　　가을을 읊은 연작시 8수 중 마지막 작품이다. 가슴속에 자리한 시름으로 달빛 아래 배회하지만 달님에게도 바람에게도 끝내 털어놓지 못하는 마음을 노래했다. 행여 말하면 홍수가 강둑을 무너뜨리고 퍼져나가듯 수습할 수 없을까 두려워서 그냥 나직이 시만 읊조리는 작자의 마음을 달과 바람은 알아줄 것 같다.

暮秋感懷　其一

富不如貧或云謬,
賤猶勝貴豈言虛.
生成一副悲秋骨,[1]
淚滴西風半世餘.

---

1) 悲秋(비추): 소슬한 가을 풍경을 대하고 슬퍼하는 정감. 『초사(楚辭)·구변(九辯)』의 "슬
   프구나! 가을의 기운이여! 소슬하구나, 초목 시들어 떨어져 쇠하니.(悲哉！秋之爲氣也.
   蕭瑟兮. 草木搖落而變衰)"라는 구절에서 유래했다.

늦가을의 감회 제1수

부유함이 가난만 못하다는 말
어쩌면 틀린 말일 수도 있지만
천함이 귀함보다 낫다는 말
어찌 빈말일까
태어나면서부터
가을을 슬퍼하는 몸이라
반평생이 넘도록
가을바람에 눈물 흘리네

해제　　　늦가을의 정감을 읊은 연작시 6수 중 제 1수다. 가난한 것보다는 부유한 것이 낫고, 귀한 것 보다는 천한 것이 낫다는 말에 작자의 고단한 삶이 느껴진다. 가난한 살림살이에 지치고, 벼슬살이로 남편과 늘 헤어져 사는 삶에 지친 작자의 마음이 오롯이 담겨있다. '타고난 비추골(悲秋骨)'이라는 말로 자신의 외로움과 슬픔을 그림자처럼 받아들이고 있다.

暮秋感懷 其二

春花秋月兩茫茫,1)
水靜山閒人自忙.
惆悵一生能幾許,2)
長將幽恨繫愁腸.

---

1) 茫茫(망망): 넓고 멀어 아득한 모양. 요원하다.
2) 惆悵(추창): 실망하여 탄식하고 괴로워함. 비통함. 구슬픔.

늦가을의 감회 제2수

봄꽃과 가을 달
둘 다 망망하고
물은 고요하고 산은 한가로운데
사람만 분주하네
서글퍼라
인생이 얼마나 되길래
늘 깊은 한을
시름어린 마음에 매어두고 있나

해제   늦가을 풍경을 대하고 느낀 감회를 노래한 연작시 6수 중 제2수다. 짧은
인생인줄 알면서도 근심과 한을 떨쳐버리지 못하고 늘 마음에 두고 있는 자신에 대한
연민과 회한을 노래하였다. 동한(東漢)말 고시(古詩)에 "백년도 못 채우는 인생인데,
늘 천년의 근심을 품고있네(生年不滿百, 常懷千歲憂)"라 했는데 천년 후 명말(明末)의
여인도 여전히 같은 마음을 노래한다. 이것이 인간의 굴레이리라.

看雪 其一

兔園臺上散瓊葩,[1]
幾陣迴風轉復斜.
拂草乍疑春蝶舞,
夜寒深處伴梅花.

---

1) 兔園(토원): 양(梁) 효왕(孝王)의 정원 이름. 지금의 하남성(河南省) 상구현(商丘縣) 동쪽
   에 있다. 瓊葩(경파): 색깔과 광택이 옥과 같은 꽃. 여기서는 눈을 비유하고 있다.

눈을 보며 제1수

토원(兎園) 누대 위로
옥 같은 꽃 흩날리는데
몇 차례 회오리바람에
맴돌다 다시 비끼네
풀에 스치니
언뜻 봄 나비 춤추나 했는데
추운 밤 깊숙한 곳에서
매화와 짝했네

해제　　　눈 내리는 풍경을 바라보며 지은 연작시 2수 중 제 1수다. 전반부는 공중에 눈길을 두고 관찰한 것으로 옥처럼 희고 빛나는 눈송이가 회오리바람에 맴돌다가 다시 비스듬히 비껴 내리는 모습을 묘사했다. 후반부는 시야를 땅으로 낮추어 바라본 것으로 나비처럼 풀 위에 나풀나풀 내려앉는 눈과 매화나무에 쌓인 눈을 노래했다.

심의수의 생애와 시세계

1. 심의수의 생애

　　명나라 말기 여성 작가 심의수(沈宜修, 1590-1635)의 자는 완군(宛君)이며, 만력(萬曆)18년 2월 16일에 아버지 심충(沈珫, 1562-1622)과 어머니 고씨(顧氏, 1568-1598)의 장녀로 태어났다. 심의수의 집안은 지금의 소주(蘇州)시 남쪽 경계에 접하고 있는 오강(吳江, 강소성 오강시)의 명망 있는 가문 중의 하나였으며 특히 대대로 문학방면에서 두각을 나타낸 문학세가(文學世家)였다. 심의수의 오촌 아저씨인 심경(沈璟, 1553-1635)은 명대의 희곡이론가이자 희곡작가이며 오강(吳江) 지역에서 활동했던 희곡작가군인 오강파(吳江派)의 중심인물이었다. 심경의 조카 심자진(沈自晉), 심의수의 남동생 심자징(沈自徵), 심의수의 사촌 심자남(沈自南), 심자창(沈自昌) 등이 모두 오강파에 속하는 문인들이었다. 오강파는 탕현조(湯顯祖)를 중심으로 한 임천파(臨川派)와 함께 나란히 일컬어질 정도로 당시 문단에서 이름을 떨친 문학집단이었다. 문학세가라는 가정환경 속에 살았던 심씨 가문의 규수들도 역시 글을 배우고 시문 짓기를 훈련받아 시·사(詞)·곡(曲)을 짓는데 뛰어나다는 평판을 들었다. 이러한 분위기 속에서 자란 심의수 역시 어려서부터 독서를 좋아하였고 경사(經史)와 시를 배웠으며 나중에는 불경에도 깊이 심취하였다.

　　심의수가 9살 되는 해에 어머니 고씨가 세상을 떠나자 아버지 심충은 고씨 소생인 심의수와 심자징(沈自徵, 1591-1641)을 아이들의 고모에게 부탁하였다. 고모는 어린 딸 장천천(張倩倩, 1594-1627)을 데리고 왔는데, 이때부터 심의수는 사촌 장천천과 자매처럼 지내며 친밀한 관계를 유지하였다. 장천천은 나중에 심자징과 결혼하여 두 사람은 올케사이로 맺어졌다. 장천천 부부 슬하의 자식들이 모두 요절하자, 심의수는 자신의 셋째딸 엽소란을 맡겨 10년간 양육하게 하기도 하였다.

　　　1605년 6월27일 16살의 심의수는 17살의 엽소원(葉紹袁, 1589-1648)과 결혼하였다. 엽씨 집안 역시 오강에서 가장 영향력 있는 가문 중의 하나로, 그들의 결혼은 오강 지역의 두 문벌 간의 결합이었으며 이후에도 두 집안은 여러 세대에 걸쳐 혼인관계를 맺었다. 결혼 후 6년 만에 첫딸 엽환환(葉紈紈, 1610-1632, 자 소제昭齊)이 태어났고 이후 엽소환(葉小紈, 1613-1657, 자 혜주蕙綢), 엽세전(葉世佺, 1614-1658, 자 운기雲期), 엽소란(葉小鸞, 1616-1632, 자 경장瓊章), 엽세칭(葉世偁, 1618-1635, 자 성기聲期), 엽세용(葉世俗, 1619-1640, 자 위기威期), 엽세동(葉世侗, 1620-1656, 자 개기開期), 이름이 알려지지 않은 딸 (1622-1699), 엽세담(葉世儋, 1624-1643, 자 하기遐期, 혹은 서기書期), 엽소번(葉小繁, 1626-?, 자 천영千瓔), 엽세관(葉世倌, 후에 엽섭(葉燮)으로 개명, 1627-1703, 자 성기星期, 호 기휴己畦, 횡산선생橫山先生), 엽세수(葉世倕, 1629-1656, 자 공기工期, 혹은 궁기弓期), 엽세양(葉世儴, 1631-1635) 등 8남5녀의 자녀가 차례대로 태어났다. 모두 열세명의 아이를 낳아 다복한 가정을 이루었지만 불행하게도 많은 아이들이 젊은 나이에 요절하였다. 그들 중 엽세관(즉 엽섭)은 저명한 문학비평가로 중국문학사에 이름을 남겼다.

　　　심의수와 엽소원 부부의 금슬은 매우 좋았으며, 엽소원은 심의수를 재(才)·덕(德)·색(色)을 겸비한 아름답고 훌륭한 아내로 자부하였다. 특히 엽소원은 여성의 문학적 재능을 적극적으로 지지하여 심의수의 문학적 재능을 높이 샀고, 서로 시를 주고받으며 지적·정서적인 교류를 돈독히 하였다. 그러나 시어머니 풍씨(馮氏)는 심의수와 엽소원이 시를 지어 창화하는 것이 아들의 공부에 영향을 미칠까 저어하여 심의수의 시 창작을 몹시 꺼렸다. 이로 인해 심의수는 시를 창화하지는 못했지만, 빼어난 붓글씨로 남편이 쓴 글을 다시 베껴주고 글의 내용을 토론하면서 남편의 과거공부를 도왔다. 엽소원은 아내의 지적인 내조를 몹시 자랑스러워했고 이 일은 함께 공부하는 친구들의 부러움을 샀다.

천계(天啓)5년(1625) 엽소원은 36세에 마침내 진사(進士)에 급제했고, 이후 심의수의 시작(詩作)도 증가하였다. 1627년 7월 엽소원이 남경무학교수(南京武學敎授)로 부임하면서 남편을 따라 남경에서 약 넉 달 남짓 살았다. 그해 겨울 엽소원이 북경국자감조교(北京國子監助敎)에 제수되어 심의수는 다시 남편과 긴 이별을 해야했다. 숭정(崇禎)원년(1628) 봄에 엽소원은 북경으로 떠났고 북경의 호수와 하천을 관리하는 공부우형사주사(工部虞衡司主事), 변방 주둔 군사의 의복을 관리하는 강남최취반의차(江南催取胖衣差), 조양문성수(朝陽門城守) 등 하급관리직을 역임하다가 1630년 노모를 모셔야한다는 이유로 사직하고 12월 28일 고향에 도착하였다. 엽소원은 약 3년의 관직생활을 청산한 뒤 고향에서 은거하며 다시는 벼슬길에 나가지 않았다.

숭정(崇禎)4년(1631)년 8월 엽소원이 명대의 유명한 시인이었던 이반룡(李攀龍, 1514-1570)의 「추일촌거(秋日村居)」를 모방한 시 8수를 지어 은거하는 즐거움을 노래하자 심의수 및 세 딸 엽환환(葉紈紈), 엽소환(葉小紈), 엽소란(葉小鸞)과 맏아들 엽세전(葉世佺)도 역시 이에 차운(次韻)한 시를 지었다. 온 가족이 함께 시를 짓고 음송하는 것을 즐거움으로 삼았던 이 집안에서는 문학이 일상이었는데, 그것은 심의수와 딸들의 왕성한 창작활동에 힘입은 바가 크다.

온 가족이 모여 즐기던 행복한 시간은 그리 길지 않았다. 1632년 10월 셋째딸 엽소란이 결혼을 닷새 앞두고 세상을 떠났다. 17살 꽃 다운 나이의 딸을 뜻밖에 잃어버린 부부의 슬픔은 말로 표현할 수 없었다. 그런데 더욱 기막힌 일은 여동생을 조문하러 온 큰딸 엽환환 마저 시름시름 앓다가 2달 후에 세상을 떠나고 만 것이다. 두 딸의 잇따른 사망은 심의수에게 견딜 수 없는 정신적인 충격을 주었다. 그녀에게 있어서 엽환환과 엽소란은 딸이면서 친구이자 문학적 동반자이기도 하였기 때문에 슬픔은 더욱 깊었다. 그 슬픔을 달래기 위해 심의수는 남편과 함께 두 딸의 유고를 정리하여 엽환환의 문집은 『수언(愁言)』, 엽소란의 문집은 『반생향(返生香)』이라는 제목으로 출간하였다.

　　　딸을 잃은 비애가 오래 쌓여서 인지 심의수는 1634년 3월부터 7월까지 오랜 시간을 병석에 누워있었다. 겨우 몸을 추스르고 일어난 그녀에게 1635년에 닥친 시련은 너무 가혹했다. 2월에 둘째 아들 엽세칭(葉世偁)이 열여덟 어린 나이에 세상을 떠났고, 4월에는 다섯 살 난 어린 아들 엽세양(葉世儀)이 요절하였다. 잇따른 자식들의 죽음 앞에 심의수는 더 이상 견디지 못하고 병석에 눕더니 그해 9월 5일 46년의 삶을 마감하였다.

　　　사랑하는 아내이면서 삶의 동반자로 곁에 있었던 심의수가 세상을 떠나자 엽소원의 슬픔은 몹시 깊었다. 죽은 가족들이 잊혀지는 것을 견딜 수 없었던 그는 1636년 먼저 간 가족들의 글과 그들을 추억하는 글들을 하나로 묶어 『오몽당집(午夢堂集)』을 출간하였다. 최초로 출간된 『오몽당집(午夢堂集)』에는 먼저 간행된 두 딸의 문집과 아내가 남긴 유고를 모은 『이취집(鸝吹集)』, 아내가 생전에 모아둔 당시 여성 문인들의 작품을 묶은 『이인사(伊人思)』를 함께 수록하였다. 또 둘째 아들 엽세칭의 유작 『백민초(百旻草)』, 엽소원이 가족을 위해 지은 애도시집 『진재원(秦齋怨)』과 『기안애(屺雁哀)』, 영매를 통해 아내와 죽은 딸의 영혼을 불러온 이야기를 기록한 「요문(窈聞)」·「속요문(續窈聞)」, 딸의 죽음을 애도한 당시 명원(名媛) 15명의 시문을 모은 『동렴속사(彤奩續些)』 등을 수록하였다. 이후 『오몽당집(午夢堂集)』은 엽소원이 증보하여 한 차례 더 간행되었고, 청대에 이르러 엽씨 후손들이 지속적으로 증보하여 지금까지 총 8종의 판본이 전해진다.

　　　아내를 잃은 후 엽소원은 다시 결혼하지 않고 남은 생을 홀로 살았다. 1644년 명이 멸망하자 이듬해 아들 세동, 세관, 세수를 데리고 항주(杭州) 고정산(皐亭山)으로 들어가 스님이 되어 은거하다가 1648년 60세로 세상을 떠났다.

2. 심의수의 문학활동

　　　　명대 중기에 왕양명(王陽明, 1368-1661)의 심학(心學)이 대두되고, 이를 이어 이지(李贄, 1527-1602)가 '동심설(童心說)'을 주창하였으며, 원굉도(袁宏道)를 중심으로 한 공안파(公安派)가 '성령설(性靈說)'을 주장하면서 문학창작에 있어서 '진정(眞情)'을 추구하는 경향이 대두되었다. 이에 따라 여성의 문학적 재능을 위험한 것으로 간주하고 자유로운 창작을 금기시했던 이전 시대와는 달리, 특히 강남지역을 중심으로 여성들의 문학창작을 긍정하는 분위기가 조성되었다. 이러한 시대조류에 힘입어 명 중엽 이후에 여성들의 문학창작이 이전에 비해 급격히 증가하고, 남성문인들에 의해 여성문학작품이 수집 출판되기 시작하다가 명말청초(明末淸初)에 이르면 공전의 번영을 구가하게 된다.

　　　　특히 명말에는 강남의 상층계층을 중심으로 가정 내에서 교육받은 규수들의 활동이 두드러지는데, 이들은 주로 혈연과 혼인으로 맺어진 가족이라는 울타리 안에서 문학활동을 펼쳤다. 오강(吳江)의 엽씨와 심씨, 동성(桐城)의 방씨(方氏), 산음(山陰)의 기씨(祁氏) 등이 대표적인 예로 꼽히는데, 그중 오강의 심씨와 엽씨 집안의 여성문학활동을 대표하는 인물이 바로 심의수이다. 오강(吳江) 지역의 문학세가 출신인 심의수는 그 지역의 망족(望族)인 엽씨 집안과 혼인하면서 모녀, 자매, 동서, 고부관계 등으로 얽힌 두 집안의 여성들을 결합시켜 '가족' 시사(詩社) 형태의 문학집단을 이루었다. 그녀는 세 딸 엽환환, 엽소환, 엽소란과, 사촌 장천천(張倩倩), 여동생 심지요(沈智瑤), 심경(沈璟)의 딸들인 심대영(沈大榮), 심천군(沈倩君), 심정전(沈靜專) 및 조카 심헌영(沈憲英), 심화만(沈華鬘), 심혜단(沈惠端) 등과 심씨 가문에 시집온 주원(周媛), 이옥조(李玉照), 고유인(顧孺人) 등등 이들이 서로 시사를 창화하며 교류하도록 연결해준 핵심인물이었다. '가족' 중심의 시사(詩社)가 비록 제한된 범위 안에서 이루어지는 활동이기는 하지만 이를 통해 여성들의 창작을 더욱 발전시킬 수 있는 기회를 만들고,

이후 많은 여성작가가 출현할 수 있는 문화적 분위기를 조성했다는 점에서 큰 의의가 있다.

심의수가 생존했던 시기는 강남을 중심으로 여성문인 집단이 출현하고 여성문학작품에 대한 관심이 고조되어 남성들에 의해 편찬된 여성문인선집이 출판되었다. 그러나 남성들이 편찬한 여성문인선집들은 고대 여성작가부터 선록하였으므로 당시 명원(名媛)들의 작품은 많이 소개되지 않았다. 그녀는 이러한 출판계의 상황을 보면서 지금 현재를 살아가며 각자의 살아있는 감정을 노래한 많은 여성들의 작품이 시간과 공간의 제약으로 인해 사라지는 것을 염려하였고 그녀들의 목소리를 보존해야한다는 사명감을 느꼈다. 그래서 그녀는 주로 출판되지 않은 당시 여성들의 글을 힘이 닿는 대로 모았다. 이렇게 모인 글들은 그녀의 사후에 『이인사(伊人思)』라는 제목으로 묶어져 『오몽당집』에 함께 수록되었다. 『이인사(伊人思)』는 현존하는 최초의 당대(當代)여성문인선집이며, 여성이 엮은 최초의 여성문학선집이라는 점에 큰 의의가 있다. 『이인사(伊人思)』에는 여성작가 46명의 시(詩)·사(詞)·문(文) 241수가 수록되어있으며, 매 작가마다 간략한 전기를 부기하여 명대 여성 작가 및 작품을 보존한 자료적 가치 역시 매우 크다.

3. 심의수의 시 세계

심의수의 시를 내용에 따라 분류해보면 가족의 죽음을 애도한 시, 가족과의 이별 및 그리움을 노래한 시, 사계절 및 각종 명절에 느낀 감회를 노래한 시, 일상생활에서 일어난 사건에서 느낀 것이나 인생에 대한 감회를 노래한 시, 정원에 자라는 초목화훼 및 조충(鳥蟲)류를 노래한 영물시, 그림을 노래한 제화시(題畵詩), 고향의 풍광을 노래한 죽지사(竹枝詞) 등이 있다.

가족의 죽음을 애도한 시의 절대 다수는 장녀 엽환환과 삼녀 엽소란을 애도한 시이다. 딸을 애도한 시만 무려 65수에 이르니 그녀의 고통과 상처의 깊이를 가히 짐작할 수 있다. 심의수의 도녀시(悼女詩)에 나타나는 특징은 전통적으로 남성들이 아내나 자식의 사후세계를 음울하고 쓸쓸한 황천으로 설정하는 것과 달리, 딸들의 사후세계를 자유롭고 아름다운 신선계로 상상한 것이다. 그것은 현실에서 이룰 수 없었던 세 모녀의 이상을 반영한 것이기도 하고, 불행했던 그들의 삶이 사후세계에서 만이라도 행복하기를 바라는 마음을 반영한 것이기도 하다.

　　가족과의 이별 및 그로인한 그리움을 노래한 시는 대다수가 남편의 부재와 관련되어 있다. 남편과 많은 시간을 헤어져 살면서 그녀는 혼자서 자녀를 양육하고, 시어머니를 모시고 집안 살림을 도맡아 하였다. 힘겨운 일과가 끝난 밤 남편의 부재로 인한 고독과 그리움을 노래한 그녀의 시는 애수로 가득하다. 특히 각종 명절을 기념하여 지은 시 가운데 칠석을 노래한 시가 가장 많은 것도 그녀의 그리움과 기다림이 견우와 직녀 이야기에 투영된 때문일 것이다.

　　집안에 있는 정원에 핀 꽃과 나무를 노래한 영물시는 전체 작품수의 1/4을 차지할 정도로 많다. 「매화시(梅花詩) 100수」를 비롯하여 「말리화(茉莉花) 20수」 및 각종 다양한 꽃을 노래한 시가 160여 수에 이른다. 그중에서 특히 주목되는 것은 「매화시 100수」로 1628년 봄 남편이 북경에 부임한 때로부터 1630년 겨울 사직하고 고향으로 돌아오기 까지 약 3년에 걸쳐 지은 대규모의 연작시이다. 그녀는 남편이 부재한 집을 지키며 느꼈던 그리움, 외로움, 슬픔, 고통 등을 「매화시 100수」에 담았다. 뜰에 핀 다양한 꽃들을 노래한 시는 엽환환, 엽소환, 엽소란의 시집에도 다수 보이는데 이는 가정에서 모녀간에 이루어진 창작활동의 일면을 보여준다.

　　인생의 감회를 노래한 시는 독자의 마음을 아프게 한다. 규중 여인의 일상생활, 여자의 인생에 대한 자기 나름의 통찰, 가난과 질병으로 인한 고통 등을 노래한 시들은 명말 가난한 선비 아내의 전형적인 삶을 여실하게 보여준다.

　　그녀의 시는 여성의 경험을 여성의 언어로 표현한 것이다. 한 남자의 사랑스러운 아내, 유순한 며느리, 헌신적인 어머니로 살아간 여인이

자 시인인 그녀는 특유의 섬세하고 여린 감수성과 세심한 관찰력으로 자신의 삶과 자신을 둘러 싼 환경에서 촉발된 느낌을 진술하게 노래하였다. 거기에 는 여성으로서 사는 일상과 고달픔과 한이 고스란히 담겨있으며, 여성의 경험을 품위 있는 인간의 삶으로 승화시킨 지혜가 녹아있다.

작품에 등장하는 관련 인물 소개

남편 엽소원(葉紹袁, 1589-1648)

자는 중소(仲韶), 호는 홍진(鴻振), 속암(粟庵), 천료도인(天寥道人)이다. 신종(神宗) 만력(萬曆) 17년(1589) 11월 엽중제(葉重第, 1556-1599)의 다섯째 아들로 태어났다. 엽중제는 네 아들이 모두 요절하였기에 엽소원이 태어난지 4개월 만에 친구인 원황(袁黃, 1533-1606)에게 맡겼다. 원황의 집안에서 10년간 자란 엽소원이 집으로 돌아온 이듬해에 아버지가 세상을 떠났다. 17세에(1605) 심의수와 혼인하였지만, 엽소원은 과거 시험 준비로 늘 집을 떠나 있었다. 천계(天啓) 5년(1625)에 진사에 급제하였고, 천계 7년(1627)에 남경무학교수(南京武學敎授)를 시작으로 숭정(崇禎) 3년(1630)에 벼슬에서 물러나기까지 강남최반의차(江南催胖衣差), 북경조양문성수(北京朝陽門城守), 북경국자감조교수(北京國子監助敎授) 등의 관직을 거쳤다. 힘들게 들어선 벼슬길이었지만 명 말기 국운이 다해가는 혼란한 시대를 목도하고는 3년 만에 관직에서 물러나 고향으로 돌아왔다. 만년에 아들, 딸, 어머니, 부인의 연이은 죽음으로 고통을 겪었다. 명나라가 망한 이듬해(1645)에 항주(杭州) 고정산(皋亭山)에 들어가 머리를 깎고 3년간 은둔 생활을 하다가 세상을 떠났다. 죽은 가족들의 작품을 모은 문집 『오몽당집(午夢堂集)』을 편찬하였고, 『엽천료자찬년보(葉天寥自撰年譜)』, 『천료년보별기(天寥年譜別記)』, 『호은외사(湖隱外史)』, 『위학변의(緯學辨義)』 등의 저작을 남겼다.

장녀 엽환환(葉紈紈, 1610-1632)

자는 소제(昭齊)이며, 천계(天啓) 6년(1626) 10월, 17세에 원엄(袁儼, 자 若思)의 셋째아들 원숭(袁崧, 자 四履)과 결혼하였다. 그녀의 할아버지 엽중제(葉重第, 1556-1625)는 먼저 낳은 아들 넷이 모두 요절하자 4개월 된 막내아들 엽소원(葉紹袁)을 친구인 원황(袁黃, 1533-1606)에게 맡겼다. 원엄은 원황의 아들이며 엽소원과 함께 친형제처럼 자란 친구 사이이다. 두 사람이 자녀의 혼인으로 사돈관계가 되자 엽소원은 이 일을 매우 기뻐했다. 그러나 엽환환의 결혼 생활은 전혀 행복하지 않았고, 엽소원은 딸의 결혼생활 7년이 수심으로 지은 집이었다고 회고했다. 1632년 10월 셋째 여동생 엽소란(葉小鸞)의 부음을 듣고 친정에 온 엽환환은 지나친 슬픔으로 인해 그해 12월22일에 스물세 살의 나이로 세상을 떠나고 말았다. 엽소원은 딸이 남긴 유고를 정리하여『수언(愁言)』(혹은『방설헌유집(芳雪軒遺集)』이라고도 한다.) 이라는 제목으로 출간하였다.

둘째 딸 엽소환(葉小紈, 1613-1657)

자는 혜주(蕙綢)이며, 숭정(崇禎) 3년(1630)에 심경(沈璟, 1553-1610)의 손자 심영정(沈永楨, 자 翼生 혹은 學山, 심자횡(沈自鋐)의 둘째아들)과 결혼했다. 엽소환과 언니 엽환환, 동생 엽소란은 모두 세 살 차이로 어려서부터 시문을 창화하며 정감을 나누는 등 우애가 돈독하였다. 엽소란과 엽환환이 연이어 세상을 떠나자 깊은 상심에 빠진 엽소환은 숭정 9년(1636)에 희곡「원앙몽(鴛鴦夢)」을 지어 자매를 잃은 슬픔을 기탁하였다. 이 작품은 현존하는 최초의 여성희곡작품이 되었다. 동생 엽섭(葉燮)이 그녀의 유작 약 80수를 모아『존여초(存餘草)』라는 제목으로 묶어 강희(康熙) 25년(1686)『오몽당시초(午夢堂詩鈔)』에 함께 수록하여 출간하였다.

셋째 딸 엽소란(1616-1632)

자는 경장(瓊章), 태어났을 당시 집안 살림이 가난하여 외삼촌 심자징(沈自徵)과 외숙모 장천천(張倩倩)에게 맡겨져 10년을 살았다. 집으로 돌아온 이듬해(1626) 3월 곤산(崑山) 장노유(張魯唯)의 큰아들 장입평 (張立平)과 정혼하였다. 17세가 되는 해(1632) 가을 혼례식을 앞두고 갑자 기 시름시름 앓다가 홀연히 세상을 떠났다. 어렸을 때부터 총명하였으며 시사(詩詞)에 뛰어나 많은 작품을 남겼다. 특히 그녀의 사(詞)는 송대 이청조 (李淸照)와 명말청초 서찬(徐燦)의 다음에 자리한다는 극찬을 받았다. 아버 지 엽소원(葉紹袁)이 그녀의 유작을 모아 『반생향(返生香)』이라는 제목으 로 출간했다. 그녀가 살던 거처의 이름을 따서 『소향각유집(疏香閣遺集)』 이라고도 한다.

아버지 심충(沈珫, 1562-1622)

　　　자는 계옥(季玉), 호는 무소(懋所)이다. 만력23년(1595)에 진사 에 급제하였으며, 1597년 봉양부학교수(鳳陽府學敎授)를 시작으로 남경 국자감학정(南京國子監學正), 남경형부사주사(南京刑部司主事), 산동 동창부지부(山東東昌府知府), 산동성안찰사부사(山東省按察司副使) 등 을 역임하였다.

동생 심자징(沈自徵, 1591-1641)

　　　자는 군용(君庸), 심충(沈珫)의 셋째 아들이다. 국자감생(國子監 生)이었고 잡극 『어양삼농(漁陽三弄)』을 지어 어양선생(漁陽先生)이라 칭해졌다. 심의수의 유일한 동복(同腹) 동생이며 어려서 어머니를 여의고 심의수와 함께 고모의 보살핌 아래 자랐다. 1610년 그를 보살펴 준 고모의 딸 장천천(張倩倩, 1594-1627)과 결혼하였으나 슬하의 자녀들이 모두 요절하여, 심의수의 셋째딸 엽소란(葉小鸞)을 데려다 10년 동안 길러주었 다. 천계(天啓) 4년(1624) 겨울 생계를 위해 북경으로 가서 관직을 구해보려 했으나 구하지 못하고 북경과 변새를 유랑하다가 숭정(崇禎) 4년(1631) 계실(繼室) 이옥조(李玉照)를 데리고 고향으로 돌아왔다. 귀향한 뒤 소주 (蘇州)에서 살다가 전 재산을 모두 절에 기증하고 다시 고향인 오강(吳江)으 로 돌아가 은거하였다. 문집 『심군용선생집(沈君庸先生集)』이 있다.

사촌여동생 장천천(張倩倩, 1594-1627)

심의수의 고모의 딸이다. 어려서 어머니를 여읜 심의수와 그 동생들을 고모가 돌봐주었기에 심의수와 장천천은 친자매처럼 함께 자랐다. 나중에 장천천은 심의수의 남동생 심자징(沈自徵)의 아내가 되어 슬하에 1남 3녀를 두었으나 모두 요절하였다. 심의수가 이를 애처롭게 여겨 셋째 딸 엽소란(葉小鸞)을 10년간 맡겨 기르게 하였다. 장천천은 남편 심자징이 생계를 도모하기 위해 북방 변새로 떠난 후 오래도록 돌아오지 않자 홀로 외로운 삶을 살다가 33세에 생을 마감하였다. 그녀 역시 시사(詩詞)를 잘 지었다고 하는데 작품이 거의 남아있지 않다. 심의수가 선집한『이인사(伊人思)』에 시 4수와 사 3수가 전해진다.

동생 심자병(沈自炳, 1602-1645)

자는 군회(君晦)이며 심충(沈珫)의 다섯째 아들이다. 그의 장녀 심헌영(沈憲英)과 심의수의 셋째아들 엽세용(葉世俗, 1619-1640)이 결혼함으로써 형제간이면서 사돈 사이가 되었다. 심자병은 명말 복사(復社)에서 활동하다가 복왕(福王)의 휘하에서 남명 정권을 위해 일했다. 태호(太湖) 지역의 방어를 맡아 청나라 군대와 싸우다가 대패하고 산속으로 도망가 숨었으나 결국 물에 투신자살하였다.

동생 심지요(沈智瑤, ?-1644)

자(字)는 소군(少君)이며, 심충의 여섯째딸이다. 심의수와 더불어 문학적 재주가 뛰어나 심씨 집안에서 한 쌍의 보배로운 구슬이라고 칭해졌다. 비록 결혼한 뒤에는 두 사람이 함께 한 시간이 많지 않았지만 심의수의 『이취집(鸝吹集)』에 그녀에게 보내는 시가 12수나 남아있는 것으로 보아 편지와 시를 주고받으며 남달랐던 자매관계를 유지했던 것 같다. 심지요는 시사(詩詞)에 뛰어났을 뿐 아니라 외모도 예뻤지만 그녀의 결혼은 불행했다. 남편 진국정(陳國斑)은 용렬하고 난폭한 사람으로 학문을 멀리했을 뿐 아니라 도박으로 가산을 탕진하였는데, 심지요는 이를 견디다 못해 물에 뛰어들어 자살하였다. 2수의 작품이 『중향사(衆香詞)』, 『명원시위초편(名 媛詩緯初編)』에 전한다.

明代女性作家叢書❸沈宜修詩選

심의수 시선

지은이 ‖ 심의수
옮긴이 ‖ 강경희 이은정
펴낸이 ‖ 이충렬
펴낸곳 ‖ 사람들

초판인쇄 2012. 12. 19 ‖ 초판발행 2012. 12. 24 ‖ 출판등록 제395-2006-00063 ‖ 주소 경기도 고양시 덕양구 화정동 905-2 찬우물빌딩 303호 ‖ 대표전화 031. 969. 5120 ‖ 팩시밀리 031. 969. 5305 ‖ e-mail. minbook2000@hanmail.net

ISBN 978-89-963888-4-5 93820